GUIDE DE SURVIE :
DESTINÉ AUX FUTURS PARENTS D'UN CHIOT

PAR BENJAMIN HINCELIN-GOUDOU

Copyright © 2022 Benjamin Hincelin-Goudou
Édition : BoD – Books on Demand, info@bod.fr
Impression : BoD – Books on Demand,
In de Tarpen 42, Norderstedt (Allemagne)
Impression à la demande
ISBN: 978-2-3224-4261-4
Dépôt légal : Août 2022
Tous droits réservés

PROLOGUE

Ce guide est destiné à vous, futurs parents de chiot, curieux de savoir comment vont se dérouler les premières heures, les premiers jours, les premiers mois avec le chiot que vous avez choisi. Un être doté d'une sensibilité, que vous allez adopter mais il ne faut pas oublier qu'en retour, cet être va également avoir besoin de temps pour…. vous adopter ! Bien sûr, cela va dans les deux sens. Je ne prétends pas, loin de là, tout savoir sur les chiots et les chiens en général. Je souhaite simplement partager mon quotidien, au travers de ce livre, de toutes les situations agréables et désagréables que j'ai pu rencontrer depuis le jour où elle est arrivée dans nos vies.

Il s'adresse également aux propriétaires de chien qui auraient envie de se replonger dans cette période chiot / ado de leur compagnon à quatre pattes… Histoire de se remémorer les bons souvenirs et de se rendre compte qu'on est capables de faire abstraction des mauvais !

Bien évidemment, tous ceux qui aiment les chiens mais n'en ont pas pour des raisons claires et définies (ça peut être la vie en appartement, le manque de temps, d'argent…) peuvent tout simplement prendre de l'avance en lisant ce guide pour savoir ce qui les attendra le jour où la décision sera prise. Ne tardez pas trop non plus car vous passez à côté d'une vie bien remplie.

Adopter un chiot, ce n'est pas un acte anodin.

Bonne lecture à toutes et à tous !

1.
INTRODUCTION

Après trois longues années d'insistance, j'ai cédé. J'ai dit « oui » et j'ai même pris les devants : j'ai contacté un des élevages que nous avions minutieusement sélectionné après des semaines de recherches. Cela n'a pas été chose aisée !

Une réponse positive, que dis-je, un entretien téléphonique passé avec brio ; s'ensuivent quelques mois de longue attente pendant lesquels nous tentons de nous préparer à toutes les éventualités matérielles et psychologiques afin d'être plus que prêts pour accueillir ce petit être qui allait partager nos vies.

Cela n'a pas été de tout repos et, je vous rassure, même quand on pense être prêt, on ne l'est pas vraiment. On a eu beau lire des tonnes de livres, acheter tout le matériel nécessaire à l'accueil du chiot, se mettre en condition mentalement en se disant qu'il va falloir, au bas mot, la sortir quatre fois par jour, que nous étions loin de nous douter ce qu'il nous attendait. Ne vous méprenez pas, c'est un bonheur au quotidien mais c'est aussi beaucoup de stress, de patience, de ligne de conduite, de ressentiment... et j'en passe !

Loin de moi l'idée de vous décourager mais ce que vous vous apprêtez à lire est vrai, jamais vraiment romancé même si j'adore rallonger les petites rencontres du quotidien en véritable épopée.

« JE VOUS RASSURE, MÊME QUAND ON PENSE ÊTRE PRÊT, ON NE L'EST PAS VRAIMENT »

J'étais, pour ma part, loin de me douter que j'allais non seulement devoir composer avec ma nouvelle vie de papa mais également avec pleins d'autres à côté desquels je me serais volontiers passé : les conseils.

Lorsque votre bébé (oui on ne va pas se mentir, cela deviendra très vite votre bébé !) sera avec vous, vous entendrez tout et son contraire. En permanence. C'est lassant mais on vit avec. Tout le monde ira de son petit commentaire : le vétérinaire, l'éducateur, l'éleveur, les passants dans la rue, vos voisins, les autres parents de chiens, votre famille, vos collègues bref, un véritable capharnaüm de pensées… que vous n'aurez pas franchement demandé à connaître. Mais c'est ainsi, et vous ne pouvez rien y faire, à part garder votre ligne de conduite (qui évoluera !).

Encore une fois, ce guide est basé sur toutes ces choses que j'ai entendues, parfois malgré moi, tous ces conseils que l'on nous a donnés, et que nous n'avons pas écoutés.

Tout ce que vous trouverez dans ce livre ne fera la promotion d'aucune race de chien, d'aucune éducation, d'aucun réseau social, d'aucune marque d'alimentation et de matériel pour chien, d'aucun éleveur (même si mon éleveuse a été géniale !).

Je livre simplement tout ce qui nous est arrivé, tout ce que nous avons mis en place pour accueillir notre chiot, toutes les étapes par lesquelles nous avons dû passer. Je ne tiens pas à ce que tout soit pris au pied de la lettre non plus, car les détracteurs de tout ce qui se dit ou s'écrit sont rapides et sans pitié. A croire que ces derniers savent tout mieux que tout le monde. C'est parfois très lassant, mais c'est ainsi !

À PROPOS DU CHIOT

Bon allez, j'aurais tenu 3 pages avant de vous la montrer… Je vous présente donc la petite bête qui partage nos vies depuis plusieurs mois maintenant !

À PROPOS DE L'AUTEUR

Benjamin Hincelin-Goudou a 33 ans, il a adopté un chiot fin 2021 pour son plus grand bonheur ! Il n'a aucun diplôme en matière d'éducation canine mais souhaite simplement partager son expérience, lui qui a, pour son tout premier chien à élever en couple, choisi d'adopter un Shiba Inu !

2.
LE CHOIX DE L'ÉLEVAGE

Et croyez-moi, la tâche s'avère parfois compliquée… quand on veut faire les choses bien ! Je me rappelle une personne qui a réussi à adopter un chien de race… en 10 jours à peine. Assurez-vous bien d'une donnée facile à retenir : la qualité a un prix. Alors je suis bien conscient qu'on ne parle pas d'un produit de consommation, mais il faut que vous soyez vigilants sur ce point.

Pour commencer, cela éloignera les chiots issus de chiens de race volés, qui seront disponibles en quelques jours seulement et à des prix totalement dérisoires. On n'adopte pas un chien en quelques jours, ne serait-ce que pour le temps de réflexion.

Il faut effectivement ne pas prendre un animal sur un coup de coeur. Il faut y être préparé car vous allez vous engager sur une durée de 10 à 15 ans. Croyez-moi, au quotidien, c'est long 15 ans. Si vous me permettez un petit calcul, quatre balades quotidiennes multiplié par 15 ans… ah oui quand même, ça donne 21.900 balades. Ça va, trois fois rien.

Après plusieurs élevages sélectionnés précautionneusement donc, au terme d'heures de recherches sur internet, nous prenons la décision d'éliminer l'élevage qui indique grosso-modo, sur son site, « mon temps de réponse est de 3 à 6 mois car j'ai du boulot ». Bien sûr, ce n'est pas rédigé de la sorte mais c'est l'idée globale du site. Alors merci, nous avons tous du travail et je pense que ce n'est pas forcément la bonne approche pour avoir des gens qui s'intéressent à son élevage mais bon, chacun fait ce qu'il veut et mène sa propre barque comme il l'entend.

Un élevage retient cependant notre attention pour deux points :
- l'éleveuse vit clairement de sa passion
- la situation géographique nous convient

Bien évidemment, cela ne suffit pas, nous creusons donc. Nous épluchons son site internet de fond en comble, en passant des avis des gens qui ont déjà adopté un animal là-bas jusqu'aux conditions de vie et d'élevage.

A ce moment-là, plusieurs choses doivent être prises en ligne de compte. Les chiens reproducteurs doivent faire l'objet d'un suivi médical qui met en relief les problèmes de santé inhérents à la race, il faut savoir s'ils ont des antécédents et pour cela, le livre des origines françaises (le fameux LOF) répertorie minutieusement les générations jusqu'à arriver à votre chiot.

Cela permet de voir que, pour préserver la race et avoir des chiots en bonne santé, tout a bien été respecté. Dans un souci de bonne santé mentale également, vous vous rendez alors compte que des parents n'ont pas été mis en relation : cela préserve un très faible taux de consanguinité.

Nous avons donc sélectionné notre élevage et la mise en concurrence fut brève vu que cela fait environ un mois que nous sommes dans l'attente d'une réponse d'un mail que nous avons envoyé à un autre élevage (pour la petite histoire, nous recevrons une réponse 7 mois plus tard, le jour où nous sommes allé chercher notre chiot !).

En week-end chez mes parents, à quelques kilomètres de l'élevage, je prend donc la décision de téléphoner pour en savoir un peu plus sur les modalités de l'adoption, loin de me douter que j'allais alors devoir répondre à quelques questions essentielles à ma future adoption.

Avec le recul, je pense que cet entretien téléphonique, absolument tous les éleveurs devraient le faire. Cela met vraiment en condition les futurs parents et permet également de juger de la réelle volonté ou du simple coup de cœur.

Me voilà donc au bout du fil avec une personne gentille et bienveillante, qui cherche à en savoir un peu plus sur ma vie. Oui, je suis marié, nous habitons un appartement, aux abords d'un très grand parc, nous avons une situation financière « stable » (oui, nous y reviendrons plus tard mais ça coûte énormément d'argent un chien), nous sortons régulièrement pour faire du sport, nous aimons les randonnées, nous travaillons à la maison… Voilà que de données que l'éleveuse apprécie et nous dit clairement que la race choisie convient à notre rythme de vie. Ah oui, si un éleveur vous dit « Oh je pense qu'un Saint-Bernard, dans votre deux pièces à Clichy en centre-ville, c'est parfait », un conseil, FUYEZ. Elle me fait donc part de son retour, en me disant « un Akita, je vous aurais dit non mais un Shiba Inu, bien sûr ! ».

Les formalités de l'entretien passées, j'appelle la personne qui partage ma vie pour lui faire part de ce que je viens de vivre et du délai car, dans quelques mois nous serons les heureux parents d'un chiot !

Nous recevons, dans la foulée, un contrat. L'éleveuse que nous avons choisi ne nous met aucune pression. Ni sur la signature, ni sur l'acompte à réaliser pour réserver un chiot sur une future portée ! Cela peut, d'ailleurs, être la cible des premières reproches que vous aurez « mais c'est du n'importe quoi, y'a tellement de chiens dans des refuges qui n'attendent qu'à être adoptés ! ». Alors c'est vrai, mais, nous concernant, nous avons vu les chiens à adopter autour de nous et avons été confrontés à, presque toujours, les mêmes problèmes : « chien non ok avec congénères / chien non ok en appartement ».

Soucieux de vouloir offrir un foyer chaleureux sans pour autant à devoir déménager dans une maison, nous nous sommes donc tourné vers une race de chien qui « supporte » la vie en appartement.

A ce sujet, vous allez rencontrer pas mal de propriétaires de chiens qui ont des Dalmatiens, des Malinois, des

Rottweilers, des Huskys en appartement. Et ces derniers vous diront « s'ils sont régulièrement promenés, pas de problèmes particuliers ». A cela j'ai envie de répondre « OUI !!! ». Je ne supporte pas l'idée qu'un chien, à partir du moment où il a un accès à un jardin selon son maître, n'a pas besoin de sorties régulières.

Les jours passent, se transforment en semaines interminables, pendant lesquelles nous patientons, bien sagement de notre côté. Nous recevons enfin la nouvelle : une portée de chiots verra le jour dans huit semaines ! Ah enfin ! Et si vous pensez qu'à ce moment-là, le temps est long, attendez la naissance et la première rencontre. Les jours vous sembleront durer 140 heures chacun.

Lorsqu'ils naissent enfin, l'éleveuse a une super idée. Elle créé un groupe sur un réseau social qui nous permet de suivre, presque quotidiennement, la vie et l'évolution de nos bébés. Nous avons le droit à des photos et des vidéos, pour les voir grandir.

Cela est un réel plus de la part de l'éleveur. Nous attendons, à chaque fois avec le même engouement, des nouvelles de la fratrie.

Un peu plus d'un mois après leur naissance, nous avons la joie de recevoir plusieurs photos et une vidéo en privé, qui nous annonce que la dernière femelle de la portée est pour nous. Alors, je m'explique. Nous sommes le deuxième couple à avoir réservé une femelle. Dans le contrat, il était stipulé que l'éleveur se gardait le droit, avant tout le monde, de garder un mâle ou une femelle (chose que je conçois tout à fait). L'éleveuse a donc gardé une femelle et le couple juste avant nous (qui vont devenir des amis car ils vivent non loin de chez nous !) a fait son choix.

Cela peut sembler injuste mais nous avons préféré nous dire que ce qui nous arrivait était bon pour nous. Et vous savez quoi ? Le positif attire le positif, c'est bien connu, nous ne regrettons pas que ce choix eût été fait à notre place, bien au contraire !

Les vidéos continuent d'affluer et je dois avouer que, si pour certains leur bébé est tel ou tel chiot, je n'ai jamais vraiment réussi à savoir quelle était la mienne… Je ne suis déjà pas physionomiste de base avec les êtres humains donc reconnaître un chiot dans sa portée relevait pour moi du défi.

Arrive ensuite le jour de la rencontre. Alors là, autant vous prévenir, vous êtes à mille lieues d'imaginer tout ce qui vous arrivera quand le petit bout sera chez vous mais peu importe, vous êtes ailleurs, vous tenez dans vos bras ce petit être que vous attendez depuis plusieurs mois et pour lequel vous avez déjà commencé à transformer votre intérieur.
Nous passons donc 1h30 avec l'éleveuse et notre petite chienne. Nous l'embrassons, nous nous asseyons par terre avec elle. Nous nous rendons compte que la maman qui a mis bas a un confort de vie assez impressionnant : petit chalet en bois avec air conditionné, un accès illimité à un jardin tout autour du chalet, une terrasse, de l'herbe, des cailloux, de la terre… et un accès à la piscine, en prime !
Bref, conscients que nous n'offrirons pas la même chose à notre petite chienne mais que nous avons déjà préparé pleins de choses pour son arrivée, les quinze derniers jours passent et nous allons donc enfin la récupérer.

C'est un moment hors du temps. Magique et triste à la fois. Nous arrachons à tout ce qu'elle connait cette petite chienne : ses frères et sœurs, sa maman, sa maison, son « humain » de référence. C'est la raison pour laquelle j'insiste beaucoup sur le fait que l'animal de compagnie doit tout autant vous adopter que vous vous l'adoptez.
Le temps des formalités des papiers est long pour elle, elle sent bien que quelque chose se trame derrière son dos. Elle va être sage pendant les deux heures de route, très sage même. Puis elle va très vite se transformer en mini tornade ambulante et faire chavirer nos vies.

3.
LES PRÉPARATIFS

Pendant ces longs mois d'attente, nous nous sommes néanmoins préparés. Nous avons passés de longues heures à parcourir des sites internet, à lire des livres et à se procurer tout le matériel nécessaire à l'arrivée du chiot. Je vais essayer, non sous forme de liste, d'évoquer tout ce que nous avons dû acheter avant le jour J.

Pour commencer, je vais vous parler des livres que nous avons achetés. Nous nous sommes fiés aux commentaires et avis et avons acheté un livre soi-disant spécialisé dans la race de notre chiot, mais également des livres plus basiques sur l'éducation du chiot en général. Évidemment, je vais faire grincer quelques dents, mais nous nous sommes orienté vers une éducation dite « positive ». Alors là, vous allez en entendre et en lire des choses ! Après, c'était simplement pour vous donner le ton. Je ne vais remettre en cause aucun principe de l'éducation positive et, il va sans dire, je blâme fermement les gens qui pensent que la violence, la domination, la peur et la crainte résolvent tout.

Je vous conseille vivement d'en apprendre plus sur les chiens au travers de livres. Ne regardez pas des vidéos à outrance sur des plateformes lambda où les gens vont feront des retours d'expérience sans vraiment parler de la leur.

Nous préférons nous dire que nous avons choisi d'éduquer notre chien de façon positive, avec les moyens qui sont à notre portée ; avec toute l'intelligence, la bienveillance et la patience qui seront parfois mises à rude épreuve. Le mantra de notre foyer : « Nous faisons du mieux que nous le pouvons, comme toujours ».

Bien évidemment, un peu comme tous les conseils que vous recevrez - surtout au début - il y a des choses à prendre, et d'autres à laisser. Même dans les livres. Vous rencontrerez des points qui vous intéresseront et d'autres points sur lesquels vous vous questionnerez davantage. Si un doute vous gagne lors de la lecture d'un point de vue, faites l'impasse. Car, encore une fois, vous entendrez sans cesse tout et son contraire.

« NOUS FAISONS DU MIEUX QUE NOUS LE POUVONS, COMME TOUJOURS »

Passons aux choses concrètes, évoquons tout ce dont vous avez besoin pour accueillir votre futur chiot ! Vous allez penser « Mais il faut tant de choses que ça ? ». Vous n'avez pas idée…

Parlons des gamelles. Vous allez beaucoup lire et entendre que les gamelles en inox, c'est le mieux. Oui et non. Il faut simplement savoir s'adapter, voir ce que l'éleveur a donné en premier lieu et arrêter de penser que le chiot va manger ses gamelles en plastique ou en bambou (si, si, ça existe !). De notre côté, nous avons opté pour un bol haut et profond pour l'eau, plus petit et large pour les croquettes, tous deux en inox. Elle mange et boit proprement mais il est vrai qu'elle a tendance à manger vite. Elle a donc une balle dans laquelle nous lui mettons des croquettes pour qu'elle mange moins vite. Vous voyez, il suffit de s'adapter à son chien, sans pour autant tout mettre en oeuvre pour qu'il fasse les choses à votre façon.

En parlant de balle, nous avons profité de l'attente pour lui acheter toute sorte de jouets ! Alors, nous lui avons acheté des balles de toutes formes, des peluches, des jouets à mastiquer.

Les balles... que de préjugés j'avais ! Je pensais naïvement qu'un chien qui allait chercher la « baballe » était stupide. En réalité, il n'en est rien. C'est un jouet génial pour son développement ! Cela participe à son apprentissage et à son bon développement par le simple fait qu'il va apprendre à se servir de sa gueule, à mesurer la force de sa mâchoire et surtout, qu'il va pouvoir vous faire plaisir en allant la chercher, puis en la rapportant. Bon au début, c'est un concept de la rapporter, je ne vous le cache pas. Mais petit à petit, avoir une balle deviendra indispensable en promenade, enfin une balle... En quatre mois nous en avons perdu deux. Entre les chiens voleurs (qui veulent juste s'amuser !) et les endroits préférés de votre chien tel que les très hautes herbes jonchées de ronces, prévoyez d'acheter plusieurs balles ! Les balles de tennis sont très bien mais ne les laissez pas à votre chiot quand il est à l'intérieur. Il aura tendance à vouloir enlever les fils de ses balles et pourrait les ingérer.

Du coup, je rebondis sur les peluches. Avant son arrivée, tout le monde vous dira « privilégiez les peluches exprès pour chien ». Je ne comprends pas d'où ça vient et, personnellement, je vous dirais de privilégier les peluches sans billes en guise d'yeux. J'ai bêtement posé la question, et les gens qui nous disaient cela ajoutaient « la bourre des peluches non destinées aux chiens est dangereuse ». Alors oui, mais pourquoi il est écrit, sur les étiquettes des peluches pour chiens (aux prix exorbitants) la mention suivante : « A ne donner que sous surveillance, ne pas donner au chien si le produit est endommagé » ? Pour la simple raison que la bourre à l'intérieur doit être la même que les autres peluches. C'est un raisonnement personnel mais j'ai acheté plusieurs peluches à petits prix et elles tiennent toujours, elle n'en a détruite aucune.

En ce qui concerne les jouets à mâcher, faites vous plaisir et surtout, profitez des promotions. Vu le temps d'attente pour adopter un chiot, y'aura bien le mois de janvier ou celui de juillet pour proposer des offres promotionnelles (et si vous n'avez pas de chance, les deux !). C'est ce que nous avons fait et cela nous a permis de faire rentrer, petit à petit, les dépenses liées à notre chiot.

Dois-je vous parler des jouets qui font pouet-pouet ? Au début, je n'en voulais pas chez moi. Mais je me suis confronté à énormément de jouets qui faisaient ce bruit parfois agaçant. En réalité, c'est un très bon apprentissage pour les chiots. Donc je vous les conseille et cela ne fait pas tant de bruit que ça.

J'ai pensé également à me procurer une caisse basique en tissu pour ranger ses jouets, c'est beaucoup plus pratique, le soir, au moment du coucher, de tous les ranger et de mettre la caisse en hauteur. En effet, personne ne veut entendre de « pouet-pouet » en pleine nuit, ni laisser son chiot jouer sans surveillance.

Attaquons-nous désormais à la question brûlante du panier. Ah le fameux panier. Un morceau de plastique, un coussin pas confortable que vous trouverez au prix exceptionnel de 340€ !! Je plaisante. Ou pas. Dès qu'il est question de marques spécialisées, on peut vous vendre des paniers basiques à des prix incroyablement chers. Mais alors comment faire ?

J'ai acheté un petit panier en plastique et un coussin déhoussable. Pourquoi ? Parce qu'au début, le chiot peut faire accidentellement pipi dans son panier. Vous pouvez alors déhousser le coussin pour le passer en machine et nettoyer facilement le panier en plastique. Moi qui refusais d'avoir du plastique chez moi, j'étais servi. Mais je ne me suis pas arrêté là. Je me suis dit qu'il serait quand même dommage qu'elle ne puisse pas dormir dans des endroits différents, beaucoup plus douillets que ce vulgaire panier !

Je lui ai alors déniché des taies d'oreiller que j'ai cousu entre elles et j'ai mis des vieux (mais propres !) coussins à l'intérieur. Cela m'a permis de faire une espèce de panier d'angle pour habiter l'espace qui lui était dédié. A cela j'ai acheté un gros coussin dans le coin des bonnes affaires d'un magasin de meubles. Le tout ? Je dirais environ 40€ les trois paniers, et quelques minutes passées à coudre et à aménager.

    Résultat des courses ? Elle n'a jamais utilisé le panier en plastique (qui, sans le faire exprès, était le même que celui qu'elle avait à l'élevage), a adoré le panier constitué de coussins cousus par mes soins pour y passer ses nuits et apprécie le coussin derrière le canapé pour faire la sieste.

    A sa disposition, je lui avais également acheté 2 plaids tout doux au marché, 5€ pièce. C'est évidemment ce qu'elle préfère car elle les trimballe partout. Surtout le matin, elle suit le soleil de la baie vitrée en déplaçant son plaid rose de quelques centimètres à chaque fois.

    Comme quoi, il ne faut pas grand chose pour les rendre heureux. Au début, je me suis dit qu'on verrait bien et, qu'à terme, je lui achèterais un joli panier. Après réflexion, et ayant un chien pas du tout destructeur, elle dort partout et nous allons rester comme ça. Question « accident », elle n'a jamais fait pipi dans ses paniers.

    Le panier ? Question brûlante ? Qu'est-ce que je suis drôle !! Parlons, si vous le voulez bien, de ces objets qui font débat dans le monde canin, qui animent des passions et font couler de l'encre… vous les avez reconnu, il s'agit bien du grand débat entre le harnais et le collier !

    Alors ? Harnais ou collier ? Ou les deux ? Honnêtement ? Un enfer sur Terre ce débat. Certains vous diront qu'il ne faut pas mettre de harnais à un chien avant son premier anniversaire. D'autres vous diront qu'un collier, ce n'est pas bien car ils vont s'étrangler. Oui mais alors je lui mets quoi ? On est d'accord que pour sa sécurité, il va bien falloir faire un choix car un chien doit être tenu en laisse, surtout au début.

    Dans notre cas, le Shiba Inu étant sujet aux glaucomes (provoqués par une augmentation de la pression des yeux), nous ne voulions pas prendre le risque de lui mettre un collier, nous avons donc choisi le harnais.

    Mais attention, les deux premières semaines, le chiot ne saura pas marcher en laisse et ne vous tirera pas vraiment.

Donc, pour résumé, préférez un petit collier pour les deux premières semaines de son arrivée et passez au harnais. Oui mais lequel ? Un harnais en H ou en Y uniquement. Car un harnais de type norvégien viendra bloquer ses pattes avant et pour son développement musculaire, ce ne sera pas top. Ce sont des recommandations que j'ai pu lire dans des études d'ostéopathie pour chien. Je pense vraiment qu'il y a des incidences sur leur futur donc nous nous efforçons de suivre ces recommandations (je tenterai de vous en faire part au fur et à mesure de ce livre).

Qui dit harnais / collier dit... dit ? Laisse ou longe bien sûr !! Les débats ne s'arrêtent vraiment jamais quand on est parents. Là encore, je vous partage ce qu'il s'est passé avec notre chienne. Rien de plus. Nous avons, dès le départ, une longe de 5 mètres et une laisse dite « trois positions ». C'est une laisse de 2 mètres que vous pouvez raccourcir, très pratique quand on est en ville ! C'est bien simple, les 2 premiers mois, nous n'avons utilisé que la longe de 5 mètres.

On est d'accord, c'est tout sauf pratique... Parce que, bien évidemment, ça ne s'enroule pas tout seul. Alors vous allez me dire « mais c'est complètement bête, pourquoi ne pas acheter directement une laisse enrouleur ? » Je vous arrête tout de suite, pour l'apprentissage, les enrouleurs sont à bannir. Pourquoi ? Parce qu'il exercent une pression sur le corps du chien qui, par réaction à cette pression, va vous tracter, puis vous allez penser qu'il le fait exprès, puis ça va vous énerver puis... vous le voyez le cercle vicieux ?

Franchement achetez une longe plate (les cordons, ça fait mal et ce n'est parfois pas solide) et en quelques balades (assez rapidement vu que vous allez sortir votre chiot 8 à 10 fois par jour...), vous serez un pro de la longe ! Ne dépensez pas 70€ dans une longe en biothane ou je ne sais quoi, un coup de dent de chiot est vite arrivé. Nous avons acheté une longe orange en tissu et, malgré toutes les fois où elle a atterri dans sa gueule, elle est toujours là ! Certains vous diront « ah oui mais c'est pas pratique à laver », comme tout le reste j'ai envie de dire. Ma longe est toujours aussi propre qu'au début, je passe de temps en temps un coup de chiffon dessus et on n'en parle plus.

Pour les balades un peu plus longues, nous nous sommes procuré une longe de 10 mètres quand elle a eu 4 mois. Aujourd'hui, elle est docile et revient au rappel donc nous n'en avons presque plus l'utilité.

Ah, et j'oubliais… soucieux du bien-être de mon chiot, je ne voulais pas d'une longe avec un mousqueton énorme qui aurait été trop lourd pour ma chienne (ça m'a valu des « mais c'est un chien, c'est pas grave si c'est lourd » bien agréables…), j'ai donc choisi une longe avec un mousqueton de taille et poids « corrects ». Eh oui, chaque détail a son importance !

Je me suis également octroyé des « extras ». J'ai profité d'une promotion pour acheter une piscine que j'installerai sur la terrasse. Il s'agit d'une petite piscine pour chien qui aura pour but de la rafraîchir pour son premier été. Pensez également à acheter / prévoir des serviettes pour sécher votre chiot, des sacs à déjection pour ramasser ses besoins (même à la campagne, les déjections des carnivores ne peuvent pas être compostées !), un sac à dos où mettre son nécessaire lors des balades.

4.
L'ARRIVÉE

Bon, il va bien falloir que ce petit être arrive un jour quand même... Avec un petit jour d'avance, en prime ! La veille au soir, nous nous rendons donc chez mes parents pour passer notre dernière nuit à deux, avant que notre chiot fasse partie intégrante (et intégrale) de nos vies ! Et le jour J est là. Je suis extrêmement stressé et ne me demandez pas pourquoi.

Je pense que c'est un tout : l'attente, le questionnement (ai-je bien tout ce qu'il faut pour elle ?), le déchirement de la séparer de ses frères et soeurs (certains vont penser que je vais trop loin !), puis le voyage de deux heures en voiture avec elle.

A notre grand étonnement, le voyage se passe bien. C'est d'ailleurs la seule fois, avant de longues semaines, que notre chiot n'aura pas peur de la voiture. Elle passera tout le voyage sur nos genoux à recevoir deux heures de caresses et de bisous.

Tellement bien installée, la demoiselle ne veut même pas descendre de le voiture une fois arrivée. Nous patientons sans trop la brusquer, conscients de ce qu'elle est en train de vivre. Elle a tout quitté pour se retrouver avec des bruits qui feront désormais partie de son quotidien : les sirènes des pompiers et des ambulances (nous vivons pas très loin des urgences…), des klaxons à répétition (puisque les gens sont patients en ville !), les voisins…

Elle se décide donc à sortir, nous lui mettons la laisse et nous la mettons au sol dans le jardin de la résidence. Il y a de l'herbe, des arbustes et des arbres, de quoi la satisfaire. Pour un chiot de sa taille, c'est relativement « grand » et, à mon grand étonnement, elle n'a strictement aucun problème pour marcher avec la laisse. Je pense que c'est l'effet « longe » car elle ne pouvait pas aller en bout de laisse, elle restait prêt de nous, donc elle n'a jamais eu besoin de tirer ou de sentir qu'elle était arrêtée. C'est la raison pour laquelle nous avons gardé cette longe et il nous arrive encore aujourd'hui, de l'utiliser. Surtout qu'entre temps, le sport national de notre adolescente semble être le mordillement de ces chaînes qui l'empêchent d'être la chienne qu'elle voudrait être, celle qui, dans son imaginaire, pourchasse les lapins dans de vastes prairies. N'ayez crainte, elle est en liberté à chaque balade… mais pas en ville (j'y reviendrais plus tard !).

Après un petit pipi, nous la montons dans notre appartement. N'ayant pas d'ascenseurs et vivant au troisième étage, la porter est de mise. Effectivement, pour protéger ses articulations, nous allons la porter jusqu'à ses 6/8 mois dans les escaliers, à chaque montée et surtout, à chaque descente. C'est en effet lors de la descente que son poids se retrouvera sur ses petites articulations en formation et qui peut lui causer des problèmes de santé (type arthrose) par la suite. Je rajouterais cependant un petit conseil à cela, quand il s'agit de 2 ou 3 petites marches que vous rencontrez à l'extérieur, laissez votre chiot les monter ou les descendre. Ce qui n'est vraiment pas bon, c'est la répétition. Je vous dis ça parce que ce serait dommage qu'à ses 6 ou 8 mois, votre chien ne sache pas monter ou descendre les escaliers. Si je vous dis cela, c'est parce que c'est réellement possible. Et si à l'âge adulte votre chien pèse 15 ou 20 kilos (voire plus !), je vous souhaite bien du plaisir à le porter dans les escaliers ! Le problème ne s'est pas posé ici car, dès qu'elle a eu 6 mois, elle ne voulait plus qu'on la porte et tenait à explorer cette cage d'escaliers dont elle n'avait que les odeurs ! Bien évidemment, elle a visité chaque palier, chaque porte, chaque couloir depuis qu'elle gambade en liberté dans ces marches à chaque retour de balade !

Lorsque nous rentrons dans l'appartement pour la première fois, je la porte sur moi, je m'assois sur le fauteuil de l'entrée pour me déchausser et je la dépose au sol. Nous ne tenons pas à la surmener davantage en lui faisant visiter toutes les pièces mais en quelques secondes, elle se met à courir partout et, chose que nous n'avions absolument pas prévue, se met à aboyer et à foncer dans les miroirs que nous avons au sol (3 au total). Nous les retournons donc pour ne pas qu'elle se blesse mais également qu'elle ne pense pas qu'il y ait d'autres petits chiots qui gambadent avec elle dans la maison.

Elle repère assez facilement ses gamelles d'eau et de croquettes dans la cuisine mais il semblerait que le sol noir de la cuisine ne soit pas à son goût, c'est comme si elle n'avait pas envie de rentrer dans cette pièce. Nous ne la forçons pas, nous la laissons faire.

Très vite, le tapis du salon devient son tapis de jeux. Elle adore se rouler dessus, jouer avec ses jouets, étaler ses peluches et nager dans ses plaids en boule ! Bref, elle vit sa vie de petit chiot qui découvre son appartement.

De notre coté, vous vous doutez bien que nous sommes extasiés devant cette petite peluche vivante qui se balade, la queue en panache, dans notre appartement. Nous attendons qu'elle vienne vers nous pour la caresser (caresser un chien est aussi un apprentissage... Il faut apprendre au chien à accepter les caresses d'un humain et non, ce n'est pas une plaisanterie !), et nous créons ainsi, petit à petit, un lien entre elle et nous. Nous ne cherchons pas non plus à lui faire faire absolument tout ce que nous voulons qu'elle fasse. Elle a besoin de temps, de moments à elle pendant lesquels elle goûte à son indépendance. Je juge inutile de devoir lui demander de venir, de s'assoir, de se taire et tutti quanti. Elle n'a pas besoin de cela, tout ce que nous lui demandons, c'est de communiquer avec nous en cas de pipi / caca. Bien sûr, nous ne lui laissons pas le choix et nous nous rappelons ce moyen mnémotechnique pour lui proposer des balades : l'âge du chien en mois équivaut au nombre d'heures pendant lesquelles il peut se retenir. Elle a donc 2 mois, elle peut se retenir 2 heures... Et, je ne sais pas si vous êtes vraiment prêts à le lire mais bon, il va bien falloir... Ce calcul marche aussi... LA NUIT !!! Et non, vous ne rêvez pas, il va falloir continuer de lui proposer des balades toutes les 2 heures la nuit... Jusqu'à ses 3 mois !! En vrai, nous avons beaucoup de chance car elle a rapidement fait ses nuits.

Les premiers jours se passent bien. Elle n'est pas attirée par les nombreuses plantes que nous possédons et ne s'attaque à aucun meuble. Bon vous me direz, elle a des peluches plus grosses qu'elle et a de quoi faire... et j'entends encore mes amis me dire « profite bien de tes chaises et de ton canapé, quand elle sera là, tout sera détérioré en quelques semaines ». Le petit monstre a aujourd'hui 10 mois et demi et tous mes meubles sont bien debout, je vous rassure. Quand elle a un besoin de destruction - car oui, cela est bien un besoin - nous lui donnons, tout simplement, un rouleau de papier toilette ou d'essuie-tout vide... une bénédiction !! Elle adore toujours ça d'ailleurs. Le bruit du papier qui s'arrache sous ses dents, elle en fait du papier mâché puis l'abandonne et son besoin est comblé. Nous avons vu ce conseil dans une vidéo et à chaque fois nous nous disons « heureusement qu'on avait retenu ça ! ». Très honnêtement, je préfère me baisser et ramasser, une fois sec, ces petits morceaux de papiers plutôt que de la laisser s'attaquer à mon canapé en me disant « bah oui tout est normal, c'est un chien ». Non ce n'est pas normal et c'est un premier conseil d'éducation : détourner l'attention plutôt que sanctionner. Grâce à cela, je peux dire aujourd'hui que ma chienne n'est pas destructrice avec nos affaires.

« QUOIQU'IL ARRIVE, NE RÉVEILLEZ PAS VOTRE CHIOT. »

Important aussi - essentiel même - quoiqu'il arrive, ne réveillez pas votre chiot. Jusqu'à ses 4 mois, de très importantes connexions neuronales et cognitives se mettent en place. Si vous le réveillez brusquement, votre chien risque d'avoir des manques, surtout au niveau de sa compréhension de notre langage. A noter qu'après 35.000 ans de domestication, le chien lit en nous comme dans un livre ouvert, il détecte notre joie, notre stress, notre tristesse, notre colère en bref, toutes nos émotions et, de surcroît, il est capable de comprendre environ 1000 mots d'une langue !

5.
LES BALADES

Vous allez très vite vous en rendre compte vous-même mais autant vous prévenir : un animal, c'est un véritable lien social. Si j'avais eu 1 euro tombé du ciel à chaque fois qu'une personne m'a arrêté dans la rue en s'écriant "oh un renard !", je serais actuellement sur une plage de la baie du Yucatan en train de faire bronzette ! Attendez-vous donc à vous arrêter, cela entraînera votre patience et, de toute façon, vous ne ferez que quelques mètres lors de vos premières balades !

Vous allez parfois faire des rencontres qui, comme on dit, referont votre journée. Vous en ferez de moins agréables. Et alors, peu importe la météo, attendez-vous à ce qu'il y ait toujours quelqu'un pour vous dire "ohhhhhh, qu'il est mignon, on peut le caresser ?" Que vous en ayez envie ou pas, le chiot sera un lien social et vous n'y pouvez rien.

Alors bien sûr, vous pouvez être l'un de ces maîtres hautains qui ne disent pas bonjour. Mais, quand vous prêtez un peu attention, vous vous rendez vite compte que le chien que ce genre de personnes promènent en bout de laisse est souvent aussi peu avenant que ses maîtres !

A bon entendeur : les chiens ne font pas des chats ! Si vous êtes sociable, votre chiot le sera aussi. Dans le cas contraire, bon courage à vous.

LE PREMIER MOIS

Au tout début, nous la promenons donc plusieurs fois par jour et par nuit. Certains nous ont dit « Mais qui se réveille la nuit pour aller promener son chien ? C'est du n'importe quoi ! Il peut faire dans l'appartement ! » Alors oui, il peut. Mais je n'ai pas adopté un chien pour lui faire faire ses besoins chez moi ou, pire encore, sur les terrasses. C'est chez nous, et chez elle aussi. Nous ne faisons pas nos besoins n'importe où mais dans une pièce dédiée ; le chien, c'est pareil, surtout si vous lui apprenez rapidement à ne faire que dans l'herbe.

C'est donc tout naturellement que nous la sortons régulièrement, toutes les deux heures, pendant environ une dizaine de minutes. Pourquoi si peu ? Premièrement, parce qu'il faut qu'elle comprenne que c'est pour se balader et non pour courir. Car un chiot, ça ne connait pas ses limites. J'ai même envie de dire que ça n'a aucune limite. Ça pourrait courir pendant des heures. Deuxièmement, on ne lui protège pas ses articulations en le portant dans les escaliers pour le laisser courir ensuite. Au début donc, on la laisse repérer les coins d'herbes les plus proches, ceux qui sont un peu plus éloignés et on la laisse flairer. Car oui, le fait de flairer va beaucoup la fatiguer. Sans que vous vous en rendiez compte, votre chiot est en train de cartographier tout le quartier, chaque odeur va lui devenir familière au bout de plusieurs semaines jusqu'à être parfaitement à l'aise partout, jusqu'à savoir où et quand s'arrêter, où sont cachés les chats (la nôtre adore jouer avec sans leur faire mal !), quel chien est passé par là plus tôt... Et c'est un vrai bonheur de la laisser faire au début, car c'est ce dont elle a besoin.

Parfois, vous allez trouver le temps long. En 10 minutes, vous aurez fait quoi ? 100 mètres ? Et encore je suis gentil. Il faut apprendre, de votre côté, à lâcher prise. Ça ne sert à rien de vouloir aller à l'autre bout de la ville avec votre chiot de 2 mois. Mettez-vous des objectifs cohérents et... drôles pour le coup. « Alors Chéri(e) ? T'es allé jusqu'où ? » « Comme prévu, à la boîte aux lettres, aller-retour ! ». Cela ne sert à rien de traîner votre petit protégé. Ce n'est constructif ni pour vous, ni pour lui.

    Nous avons, une balade sur deux, décidé de la laisser dans le jardin de la résidence. Soucieux de ne pas laisser une seule trace derrière nous, nous descendions toujours accompagnés d'une bouteille d'eau pour diluer les pipis, tous les cacas ont évidemment été ramassés et, quitte à se retrouver dans le jardin de notre résidence, nous avons ramassés les déchets laissés par d'autres résidents ou bien amenés là au gré du vent. Pour certains voisins, j'en faisais trop, ils me disaient « bon les cacas, ok, mais les pipis de chiot, ça sent rien ». C'est strictement vrai. Mais je tenais à être irréprochable. D'ailleurs, au passage, une voisine m'a interpelé un jour et m'a demandé si c'était normal qu'elle nous voyait souvent dans le jardin avec notre jeune chien. J'ai pu, sans vergogne, lui répondre affirmativement en ajoutant qu'il était beaucoup plus propre qu'avant au vue de notre ligne de conduite. Rien que pour ce moment, ça valait le coup de rester irréprochable !

    Pour se rendre au parc, qui se trouve à 400 mètres de chez nous, je sentais bien les 40 minutes pour nous y rendre. J'ai donc pris la décision logique à mon sens, de me procurer un sac en bandoulière afin d'y glisser mon chiot jusqu'au parc. Soyons logiques : si le chiot, entre ses deux et trois mois, ne doit avoir que des balades de 10 minutes, autant que ces dernières ne soient pas effectuées sur du béton mais dans un parc. Je la portais donc à l'aller, et au retour. Ça lui a également appris à rester calme tout en étant sur moi. Ce sac nous a bien servi pour la socialiser avec les gens. Vous glissez votre chiot dedans, vous prenez le tramway / métro / bus, vous allez au marché du coin et le tour est joué ! Surtout qu'un animal, comme mentionné dans le chapitre précédent, c'est un véritable lien social. Tout le monde s'arrêtera pour vous poser des questions sur l'âge, le sexe… Là d'ailleurs, il va falloir redoubler d'effort et prendre sur vous. Je trouve désagréable les gens qui foncent sur votre chiot et le caressent sans votre accord, comme s'il s'agissait d'un acquis. Essayez, au plus tôt, de fixer vos limites tout en étant courtois. Car, si vous laissez faire, vous laisserez également faire les gens qui l'appelleront avec des petits bruits ou essayeront d'attirer son attention quand vous serez en plein travail d'éducation en plein air. Et faites-moi confiance, ça vous fera sortir de vos gonds !

Le premier mois, il va falloir regorger d'imagination pour occuper votre chien, lui proposer vraiment tout le quartier, le découvrir vous-même par la même occasion, car, le temps que son rappel de vaccin n'a pas été fait (à ses 3 mois donc), votre chiot n'aura « pas le droit » de voir d'autres chiens. Honnêtement, nous en avons tellement souffert que j'ai bien envie de vous dire, laissez-le faire, laissez-le voir d'autres chiens à partir du moment où vous avez la certitude que le chien en question a bien reçu ses 2 vaccins. Car la nôtre était tellement heureuse de voir un congénère que nous avions mal au coeur de devoir la porter et de lui dire que non, elle ne pouvait pas encore. Et finalement, nous avons cédé. Une semaine avant son rappel de vaccin, nous avons simplement demandé aux propriétaires du chien dont elle était très intéressée et ils ont répondu que, bien sûr, leur chien avait bien reçu les doses recommandées ! Nous avions alors laissé notre petite chienne jouer quelques minutes avec son nouvel ami.

ET APRÈS ?

Après, bien c'est que du bonheur… Vous allez enfin pouvoir laisser votre chiot gambader absolument partout ! Vous n'allez pas pouvoir le laisser marcher trop longtemps non plus car il va falloir y aller progressivement. Rien que pour les escaliers, il faudra le porter (surtout pour la descente) jusqu'à ses 6 / 8 mois. Mais une fois le rappel du vaccin effectué, libre à vous de lui accorder davantage de libertés.

Pour commencer, vous allez pouvoir l'amener dans des parcs à chiens… Et voir comment votre chiot communique avec les autres. Le plus important, c'est de laisser faire… jusqu'à un certain point. Je vous invite à agir assez rapidement en cas de conflit avec un autre chien. Je m'explique. Notre chienne a développé un moyen de communication infaillible : elle se tapit au sol dès qu'elle voit un autre chien. Des gens ont parfois peur en disant « il est prêt à attaquer votre chien !! » Mais non voyons, en langage chien, cela signifie « je suis prêt(e) à jouer avec toi, je suis gentil(le), viens !! »

Voilà seulement, tous les chiens ne vont pas communiquer de la même manière. Mais pourquoi ? Parce que je suppose que le langage du chien est inné à partir du moment où le chien peut découvrir, flairer… sans être aux abois de ses maîtres. Vous allez rencontrer énormément de maîtres pas franchement sympas avec leurs chiens. En fait, ce sont des personnes qui pensent encore qu'il y a une sombre histoire de dominant / dominé et qui sont trop fiers, quand vous passez à côté d'eux, de montrer que leur chien reste bien à leurs côtés, sans broncher. Selon moi, c'est un chien malheureux, qui sait pertinemment qu'il n'a le droit de rien faire, même pas de saluer l'un de ses congénères, quand bien même il en meurt d'envie, et en ressent un besoin cruel.

Résultat des courses, c'est le genre de chien que vous allez retrouver, une fois lâché dans un parc à chiens, totalement fou. C'est un peu comme si vous vous retrouviez dans le parc d'attractions de vos rêves, sous l'emprise de drogues : il va courir, sauter partout, et ne va absolument pas communiquer avec ses congénères. Les autres chiens, et votre chiot qui apprenait jusque-là à communiquer avec des chiens plus âgés, vont se mettre sur la défensive… vous voyez la bagarre de chiens arriver ?

Alors bien sûr, une multitude de facteurs peuvent déclencher une bagarre. Je me rappelle d'une fois, dans un parc à chiens où il y avait beaucoup trop de gros chiens pour qu'on y aille, trois personnes arrivent avec un seul chien dans un seul but : qu'il se batte avec un autre. Ça n'a pas loupé, et ça a duré 20 secondes avant que leur chien morde le cou d'un plus grand et y reste accroché. Je ne vous dis pas ô combien j'étais soulagé, pour ma part, de ne pas être dans la parc à ce moment-là.

Ne vous méprenez pas et ne vous dites pas « ah non je suis un(e) stressé(e) de la vie, je prends pas de chien du coup ! ». Ce que je viens de décrire, c'est une situation, à un moment donné. Cela vous donne ainsi des perspectives sur tout ce qui pourrait se passer.

J'en profite d'ailleurs pour vous faire part d'une chose très importante : en balade, occupez-vous de votre chiot et, quand il sera grand, occupez-vous de votre chien. Ne prenez pas votre téléphone portable, vous allez rester figé dessus sans même remarquer que votre chien a besoin de vous. Il a besoin de votre regard, de votre confiance et de savoir qu'il peut compter sur vous si une situation dégénère. Il va énormément communiquer avec son regard donc apprenez à lire dans son regard tout ce qui lui passe par la tête. Oubliez que vous êtes entouré d'autres personnes et parlez-lui, dites-lui que vous l'aimez et expliquez-lui pleins de choses.

« SI UNE SITUATION DÉGÉNÈRE : INTERVENEZ ! »

Tout ça pour vous dire, si une situation dégénère : intervenez ! Mais n'intervenez pas pour tout et pour rien. Un jour, ma petite de 5 mois embête un Rottweiler, très sympathique mais pas franchement patiente. Cette femelle a averti à 3 reprises ma chienne pour le lui dire que franchement, elle n'était pas pro-bisous (alors que la mienne est une véritable rouleuse de pelles !). Ma chienne n'en avait rien à faire et la quatrième fois le chien s'est montré un peu plus virulent. Elle a hurlé de peur, comme si on venait de la torturer alors qu'elle n'a strictement rien eu. Je n'ai pas encouragé cette peur en la consolant mais je lui ai dit qu'elle avait été avertie et qu'elle n'avait pas écouté. Bien sûr, cela ne l'a absolument pas traumatisée. Elle l'aurait été si je m'étais jeté dessus pour la consoler et qu'on aurait aussitôt quitté la parc. Cela n'a pas été le cas.

Je ne suis pas non plus en train de dire ce que disent énormément de maîtres « oh il faut les laisser se débrouiller entre eux, ils savent faire, dans la nature, ça se fait tout seul ». Petit scoop : ce sont des animaux qui ne vivent pas dans la nature ! Ils ont été adoptés par des êtres humains, vivent dans des appartements ou des maisons, dorment sur des canapés, dans des lits bien douillets, ont le chauffage, la clim pour certains et…. ne chassent pas leurs croquettes pour se nourrir !! Alors oui, ils apprennent à communiquer entre eux, à jouer, à s'apprécier ou se laisser indifférent. Mais je pense qu'il faut un juste milieu entre le trop pleins d'interactions humaines et le « je le laisse se débrouiller ».

LE RAPPEL

Dans la catégorie « Balade » ? Le rappel de vaccin ? Mais non bien sûr, je veux parler du rappel de votre chiot. Une notion que les futurs parents de chiot n'ont pas tout le temps en tête. Il n'est pas naturel pour un chien de revenir une fois que son prénom est prononcé. C'est un travail du quotidien. Pardon, un long travail du quotidien. Au temps pour moi : un long travail fastidieux du quotidien. Voilà, je pense que la formulation est correcte.

C'est d'ailleurs la question phare qui reviendra le plus : et du coup ? Il a du rappel ? Alors, avoir du rappel chez un chien, c'est un bien grand mot. Il y a énormément de comportements différents que je vais essayer de vous énumérer. Il va de soi que je n'ai pas encore croisé tous les autres comportements que j'oublierai de citer..

Tout d'abord, il y a le chien qui n'en a rien à faire. Celui qui s'est très largement habitué à entendre son prénom et qui se fiche de savoir si on veut qu'il revienne vers nous ou pas. Puis il y a celui qui revient car il a été bien habitué dès le départ. Et il y a celui qui sait très bien ce que vous voulez quand vous le rappelez mais qui s'en fiche complètement et qui vous regarde en mode « t'as qu'à venir toi ouais ! ». Évidemment, ma chienne fait partie de la dernière catégorie.

Ces chiens sont facilement reconnaissables selon l'éloignement physique qu'ils ont avec leurs propriétaires lorsqu'ils sont détachés en balade : du plus éloigné au plus proche !

Nous n'avons pas attendu la première séance avec notre éducatrice pour commencer le rappel, assez naturellement je dirais. C'est donc en toute logique qu'on essayait de se retrouver à 3, de s'isoler dans un coin de la résidence pour commencer, de former un triangle et de la rappeler. Nous faisions suivre son prénom par l'ordre - soit « viens ! » et, évidemment, à 3 mois, elle revenait comme une folle en nous sautant dessus. Chaque fois qu'elle revenait, elle était récompensée par une friandise. Puis nous avons tenté l'expérience au parc, avec beaucoup de stimulations pour elle. Elle revenait également. C'est ce qu'on peut appeler une petite victoire mais nous ne voulions absolument pas nous reposer sur nos acquis. Car un chiot à 3 mois n'est absolument pas le même qu'à l'adolescence (soit 3 mois plus tard pour le chiens de taille moyenne !).

Ces petits exercices se faisaient alors que la chienne n'avait jamais été en liberté totale. Elle avait une longe qui trainait au sol, beaucoup plus pratique en cas de fuite inopinée, on ne court pas bêtement derrière son chien mais derrière la longe jusqu'à pouvoir poser le pied dessus.

Je reviendrai sur le rappel dans le chapitre dédié à l'éducation. Vous trouverez donc les conseils de notre éducatrice dans ce chapitre.

LE JEU EN EXTÉRIEUR

Différent du jeu à l'intérieur (ou pas car je lui lance la balle sans problème dans notre appartement...), le jeu à l'extérieur est une véritable source de dépense pour votre chiot. Il y a toute sorte de jeux : la balle (petite et solide pour commencer), un super copain (et ne les laisser qu'à deux car un troisième chien, ça change les comportements), un bâton, des roulades dans l'herbe, des recherches de croquettes... Vous ne rêvez pas, il ne suffit pas d'accrocher une laisse à votre chien, de marcher 7 minutes montre en main sur du béton et de rentrer en se disant « ah ça c'est fait ! ». Si c'est le genre de chose que vous vous voyez faire... n'adoptez pas de chiot s'il vous plaît. Avoir un chiot, ça ne doit pas être une contrainte mais un choix réfléchi. Alors vous allez tellement l'entendre que vous allez vous dire « mais c'est bon, c'est tout réfléchi ». Vivant dans un appartement, nous passons en moyenne 4 heures par jour dehors. Les sorties ne sont pas juste hygiéniques comme on dit. Elles sont source de découvertes, de siestes en extérieur, de jeux, de moments de complicité. Et il va falloir y mettre du vôtre. Un chien, ça ne joue pas « tout seul ». C'est un peu leur moment car vous, vous n'avez pas besoin d'aller au parc pour faire vos besoins ni vous dépenser.

Quoique. Cela va vous faire énormément de bien de sortir, de vous mettre au vert au quotidien. Vous allez vous reconnecter à la nature, aux saisons. Parce que la réponse est oui, qu'il vente, qu'il pleuve ou qu'il neige comme on dit si bien, il faudra sortir. Malade ou pas, il faudra sortir. Avoir envie ou pas, il faudra sortir. Je ne dis pas ça pour vous décourager, mais vous vous apprêtez à adopter un animal qui a besoin d'être dehors. Ne pensez surtout pas qu'un jardin de 100m2 est bien suffisant. Je ne l'écrirais certainement jamais assez : contacts sociaux, courses, dépenses, flaires... votre chien a besoin de sortir !!

    Il va donc falloir jouer avec lui. Apprendre à vous salir (et donc à ne pas porter de vêtements blancs / onéreux / neufs). La balle, c'est super pour les chiots qui ont un instinct de chasse. Aller chercher quelque chose et le rapporter, c'est super pour eux !

    La recherche de croquettes, c'est une super idée de notre éducatrice : jeter une poignée de croquettes dans l'herbe pour les laisser fouiner. Certains propriétaires de chiens me disent parfois que c'est dangereux, que le chien ne sait pas faire la différence entre une croquettes ou autre chose qui serait potentiellement toxique. Alors oui, merci, mais je sais ce que je fais. Je passe le mètre carré d'herbes au peigne fin et je lui lance des petites poignées de croquettes. Encore aujourd'hui (elle a actuellement 10 mois), elle adore ça et ça la fatigue beaucoup !

    En terme de communication, elle est super forte d'ailleurs. Y'a des jours où, quand on arrive au parc, elle veut aller dans le parc à chiens aussitôt arrivée. Très à cheval sur les codes canins, elle dit bonjour à tous les chiens présents puis elle revient vers moi, capte mon attention du regard et se dirige vers une des 3 portes de sortie. Elle s'assoit. Je comprends donc qu'elle a dit bonjour, elle a rempli sa mission. Mais elle ne veut pas jouer avec ses copains aujourd'hui. Elle veut simplement sortir pour jouer à la balle ou au Frisbee. A chaque fois, je n'y échappe pas « dis-donc, qu'est-ce qu'elle communique bien avec toi ! ». Eh oui mais encore une fois, ce n'est pas parce qu'elle est super intelligente ou autre. C'est juste que nous avons respecté et comblé tous ses besoins et qu'elle sait donc comment faire pour se faire comprendre. Soyez attentifs à votre chien, parlez-lui le plus souvent possible, posez-lui des questions. Surtout, ne dites pas à haute voix « mais il est complètement idiot ». Je suis persuadé que ce genre de propos insinue une émotion en nous que le chien comprend. C'est un peu comme si vous répétiez sans cesse à un enfant qu'il est bête. A l'adolescence, il se dévalorisera sans cesse en se disant à lui-même « bah non, je ne suis pas capable, je suis bête ». Vous voyez où je veux en venir ?

UN AVANT-GOÛT DE LIBERTÉ

Comme mentionné plus tôt, un chien, ça se promène aussi pour le plaisir d'être dehors. Pas seulement pour faire ses besoins. Vers l'âge de 6 mois seulement, la demoiselle a été tellement bien habituée à sortir que les balades ont été réduites à 3 par jour. Et il a fallu changer ses habitudes car elle ne voulait pas se réveiller avant... midi !! Mais pour pallier la chaleur brûlante de l'été, il a fallu s'adapter et je voulais qu'elle soit habituée à sortir au petit matin puis à patienter jusqu'à minimum 16h. Ça va, elle s'y est faite comme on dit. En revanche, le matin, c'est entre 45 minutes et 1 heure dehors. L'après-midi, 2 heures et le soir, environ une 30 minutes. C'est approximatif car, au gré des rencontres, la balade de l'après-midi peut durer jusqu'à 3h / 3h30 (si si, vous lisez bien !). Bien sûr, il faut s'adapter. Nous prenons de l'eau et de quoi manger pour la balade de l'après-midi. De l'eau, c'était surtout pour éviter qu'en rentrant, elle boive 3 litres pour... faire pipi 30 minutes plus tard au beau milieu de la cuisine. En buvant pendant la balade, les pipis ne se sont fait, assez rapidement, qu'à l'extérieur.

Être dehors, de notre côté, cela nous a permis de bouger davantage, d'aller plus loin, de visiter tous les parcs alentour, de redécouvrir la ville. Quand vous avez un chien qui ne fait ses besoins que dans l'herbe, vous pouvez prévoir de le laisser faire à côté de chez vous puis de partir marcher dans les parcs du centre-ville sans craindre qu'un caca soit lâché au beau milieu d'une allée piétonne. Bon, ça n'arrivera jamais avec la nôtre qui est une pudique du caca. A ce sujet, quelqu'un m'a intelligemment dit une fois « bah comme nous non ? ». Ce qui m'avait fait sourire et je m'étais alors rendu compte que ce n'était pas faux !

    Maintenant, nous allons encore plus loin car… nous la prenons avec nous sur la trottinette électrique et/ou le vélo !! Vous allez me dire, il y un couple dans le quartier qui se balade qu'à vélo avec un vélo cargo pour leur chien !! Honnêtement ? Je trouve ça trop fun. Donc je me suis procuré un sac à dos pour y glisser ma chienne (j'ai pris un truc super confortable pour elle et pour moi !) et vous savez quoi ? Elle adore ça !! C'est bien simple, quand on s'arrête, elle nous regarde avec ses yeux tristes en mode « C'est fini ? Pourquoi tu t'arrêtes ? Continue ! ». Le sac, c'est aussi très pratique pour habituer son chiot à partir « longtemps » de la maison sans pour autant se fatiguer.

    Exemple : vous partez en randonnée vers 9h du matin, vous allez vous arrêter le midi pour manger et rentrerez vers 16h. Pourquoi ne pas prendre votre chiot ? Certains ne savent même pas qu'il ne peut pas marcher autant et lui feront faire 1000 fois trop d'exercices pour ses petites pattes. D'autres vont dire « oh on ne va pas s'encombrer du chien ». Et, si vous vous êtes procuré ce livre, c'est que vous allez sans doute penser comme moi et prendre votre chien avec vous, sans que ce soit une contrainte dans l'organisation. Voyons donc, vous prenez bien un sac à dos pour aller randonner non ? Bah là c'est pareil sauf que dans le sac, on rajoute 3 choses : de l'eau pour le chien, les croquettes pour le chien et… le chien ! Rien de bien extraordinaire.

    Vous allez ainsi habituer votre chien à quitter la maison plusieurs heures, vous allez l'habituer à manger ailleurs que dans sa gamelle, à boire dans vos mains, à vous faire des câlins au sommet d'un pic pas loin de chez vous, à lui faire découvrir pleins d'odeurs différentes, de paysages, à faire pleins de rencontres différentes… en d'autres termes, le bonheur ! La liberté !

LES DANGERS EN BALADE

Mais voilà, la liberté a un prix. Outre le fait qu'il va falloir composer avec la météo, vos humeurs, les humeurs du chiot, les autres parents de chien, les gens qui veulent caresser le chiot, ceux qui veulent juste avoir des renseignements et j'en passe, vous allez rencontrer quelques petites choses désagréables. En fait, cela ne s'arrête jamais et, je dirais même mieux, c'est une boucle où ces dangers s'alternent généralement bien. Et se cumulent aussi. Bref, soyez sur vos gardes ! Et encore, je ne vais pas évoquer les chiens agressifs... à cause des maîtres assoiffés de domination !

- **La pluie** ! Aussi étonnant que cela puisse paraître, dans le sud de la France, nous n'avons pas de petites pluies par ci par là. Nous ne connaissons pas les 4 saisons en une seule journée comme dans la moitié nord de notre pays. Seulement, quand elle arrive, elle ne fait pas semblant. Alors, il est inutile d'acheter des manteaux pour chien (sauf pour les races qui ont peu de poils ou les vieux chiens), mais je vous dirai de faire attention. On s'est vite retrouvé avec de l'eau jusqu'aux chevilles, sous une pluie battante et elle était trempée. Avec le froid, j'ai eu peur au rhume mais je l'ai bien séchée et couverte de plaids en rentrant. Un jour de pluie également, la demoiselle a sauté dans l'eau glacée d'un bassin de rétention d'eau et n'a pas su revenir... J'y suis allé bien sûr, avec de l'eau jusqu'aux cuisses. Le retour jusqu'à la maison était... magique ? Allez, on va garder ce terme, magique !

- **Les puces / tiques / moustiques**. Alors, vous allez trouver tout et n'importe quoi, et j'aimerais vous dire encore une fois : adaptez le traitement de votre chiot à votre région. Je m'explique. J'ai entendu parler d'un petit médaillon magnétique qui les éloigne. C'est possible de l'utiliser en continu mais il faut que la région ne soit pas connue pour ses puces et ses tiques vagabondes et intempestives. Dans le sud, région où ses bêtes prolifèrent avec succès, il faut être radical afin de ne pas mettre la vie de votre chiot en danger. Nous avons opté pour les pipettes, qui durent 1 mois et qui sont efficaces. Pareil, adaptez le traitement sur ce qui semble efficace sur votre chiot.

J'attire votre attention sur les phlébotomes. Vous allez penser « mais qu'est-ce que c'est que ça encore ? ». Ce sont des insectes volants, très confondus avec les moustiques, qui transmettent la Leishmaniose. Une maladie irréversible une fois contractée. Il existe un vaccin (avec un rappel tous les ans). Renseignez-vous, surtout si vous vous trouvez dans une région à risque.

- **Les épillets**. Oh mais quel bonheur. Surtout en ville… Y'en a de partout. Des verts, des secs puis ça vole et s'envole dans les moindres recoins. Il faut être extrêmement vigilants à ce que votre chien n'en flaire pas. Et ce n'est pas chose aisée dans les hautes herbes dans lesquelles votre chiot adorera se jeter ! C'est bien simple, je l'inspecte en continu et, après chaque balade pendant la période des épillets (au printemps donc), je la brosse et inspecte systématiquement sa truffe, ses oreilles, ses gencives et ses quatre pattes.

- **Les chenilles processionnaires**. Le genre de bestioles où j'ai envie de dire "mais qui a inventé ça ?". Comme leur nom l'indique du coup, lorsque les beaux jours arrivent, les chenilles se mettent à effectuer leur procession. Elles descendent de leurs nids situés principalement dans les pins et dans les chênes pour aller s'enterrer et devenir des papillons de nuit pas franchement agréables à regarder. Seulement, si votre chiot est un peu trop curieux, il va avoir envie d'aller renifler l'une de ses chenilles que vous ne verrez jamais seule, au passage (ça vous aidera à les reconnaître). Alors, en cas de contact, on n'hésite pas. Action, réaction. On court chez le vétérinaire. Pourquoi ? Parce que les poils de ces chenilles sont très urticants pour les animaux et pour les êtres humains (d'ailleurs, elles peuvent laisser des poils urticants sur leur passage et votre chiot peut tomber dessus… vous ne verrez donc aucune chenille mais les poils seront bien présents sur votre animal qui commencera à avoir des symptômes assez rapidement ! Sympa non ?). Et les symptômes du coup ? Vomissements, perte de l'équilibre, langue qui nécrose... Si vous n'êtes pas assez rapides, des morceaux de langues pourraient être perdus à jamais. Rien que de l'écrire, cela me donne le tournis... Mais il faut faire gaffe. En général, vous allez très vite repérer où elles se trouvent et vous porterez votre chiot ou ferez des détours si ce n'est pas possible de le porter !

J'ai pu lire qu'il y avait des traitement homéopathiques avec bon nombre de gélules à donner en cas de contact. J'ai envie de dire : ne perdez pas de temps. Vous allez être stressé(e)s et on sait que ça n'a rien de bon. Donc ne vous amusez pas à essayer de lui faire avaler 10 gélules et courez chez le vétérinaire. A la rigueur, vous pouvez laver la gueule de votre chiot avec de l'eau et du bicarbonate alimentaire. Mais là encore, la tâche peut s'avérer compliquée dans la mesure où le chiot ne devra rien boire. Bien sûr, ça, c'est pas juste quand le chiot est un chiot... Ce sera à surveiller à vie.

- **La circulation**. Ah vous en rêvez n'est-ce pas ? Vous aussi vous bavez devant cette personne qui se balade en ville avec son chien sans laisse ni collier ni harnais ni rien ? Bah arrêtez tout de suite. Cette personne est totalement inconsciente. Quand bien même votre chien aura 99% de rappel, le 1% qui reste pourrait causer un accident. A lui, à vous ou même à quelqu'un d'autre. Encore plus s'il s'agit d'un chiot, vous en êtes responsable et il faut intégrer le fait que la ville, ce n'est pas le biotope naturel de votre chiot. N'importe quoi pourrait attirer son attention et lui faire faire traverser des routes pleines de voitures, des lignes de tramway, bousculer des gens : un chat, un autre chien, un pigeon, un écureuil, un papillon, une souris... N'importe quoi. Attachez donc votre chiot et voyez cela comme de la sécurité pour lui et non comme de la domination de votre part. Vous le liez à vous pour qu'il vous fasse confiance, profitez-en !

- **Le soleil**. Bah oui, si y'a la pluie, y'a le soleil... C'est toujours plus joli que "le béton brûlant sur ses coussinets fragiles". Pourtant, c'est bien de ça que je veux parler. Vous, vous avez les pieds protégés par vos semelles de chaussures, tongs et nu-pieds. Pas votre chiot. Et quand il fait chaud, le béton, quant à lui, est bel et bien brûlant. Bah oui bah comment on fait alors ? Honnêtement je suis bien content que Suteki ait eu 8 mois à l'arrivée des jours caniculaires. On se promène le matin tôt, et on ne remet pas une patte dehors jusqu'à 18h. Cet été, le béton est trop chaud, je la glisse donc parfois dans son sac à dos et je l'amène jusqu'au parc. Ça fait rire pas mal de gens qui me répètent - sans se lasser visiblement - "mais c'est un chien, mets-le par terre, il le vivra très bien". Bien non, je l'élève en la respectant, désolé. Je n'ai pas envie d'abîmer ses coussinets. Je préfère que ses sorties se fassent dans la terre, à l'ombre des arbres plutôt que sur du béton à 50°C. Mais là encore, chacun fait ce qu'il veut !

- **Les animaux sauvages**. Eh oui, ça peut être dangereux... Même en ville ! Car voyez-vous, nous avons la chance d'habiter une ville où nous avons pas mal de parcs tout autour. Bien dernièrement, nous avons été mis en garde par deux autres maîtres de chiens car ils avaient aperçu... des marcassins ! Craignant que la maman laie soit dans les parages, nous avons rattaché notre chienne pour la garder près de nous. L'avantage c'est que, quand vous avez une chien, vous vous rendrez vite compte que les infos circulent quand même pas mal entre parents de chiens et ça, c'est super pratique !

- **Les insectes**. Alors, y'a ceux qui volent et ceux qui sont au sol. Faites attention à tout, comme ça, pas de surprise ! Je trouvais "joli" qu'elle course les papillons au début, jusqu'à ce qu'elle s'amuse à courser des guêpes... En cas de piqûre, c'est vétérinaire assuré avec gonflement et antibiotique à la clé !

- **Les poisons**. Aussi étonnant que cela puisse paraître, une fois notre petit chiot entre nos bras, nous nous sommes vite rendus compte que, bien que la ville dans laquelle nous vivons soit "dog-friendly", notre quartier, quant à lui, l'était légèrement moins. Le deuxième jour de balade, une dame accompagnée de deux chiens s'est permise de nous signaler que, sur le trottoir d'une impasse non loin de là, de la poudre de verre était régulièrement disséminée par les habitants. Le but ? Les chiens flairent la poudre de verre, qui s'infiltre dans leurs poumons et les asphyxie. Génial. Cette même dame perdra, quelques semaines plus tard, l'un de ses deux chiens qui savourera, dans une rue pas très loin non plus, une boulette de riz contenant... de la mort aux rats. Vous avez bien lu. Des gens prennent le temps de cuisiner du riz, de le laisser refroidir pour y incorporer de la mort aux rats afin de les mettre devant chez eux dans le but de tuer des chiens ou des chats. Et dire que j'ai la flemme de me faire des pâtes parfois. Les gens sont merveilleux. Ah, et dans la continuité de tout cela, on retrouve régulièrement de la viande empoisonnée au parc. J'ai même entendu que dans un autre parc de la ville que nous fréquentons de temps en temps, certains propriétaires de chiens avaient retrouvés de la viande avec des clous. C'est autant de raisons pour lesquelles je vous encourage vivement à socialiser avec les autres propriétaires de chiens. Ainsi, vous serez tout le temps averti de ce genre de situation et vous serez même admis dans des groupes d'aide et d'informations sur les réseaux sociaux !! Très utiles !

- **Les cyanobactéries**. Hein ? Késsecé ? Bien c'est une bactérie - appelée également "algue bleue" - présente dans la nature et surtout dans les eaux de nos rivières à l'approche de l'été. Donc je vous encourage à lire les communiqués des mairies afin de ne pas mettre en danger la vie de votre toutou qui, pendant les journées chaudes, adorera sauter dans l'eau des rivières tout en la buvant. Et s'il y a une présence accrue de ces algues, votre chien risque une intoxication. Quelques heures après la baignade (ou les quelques gorgées bues), votre compagnon à quatre pattes va avoir des vomissements et pourra même succomber à des troubles neurologiques.

ANECDOTES EN VRAC

Nous venions de rentrer du parc, un dimanche du mois de mai, et je me suis dit qu'il fallait absolument que je rajoute les perles des gens, propriétaires de chien ou pas. Ce que j'ai pu entendre, ce que l'on m'a dit ouvertement ou ce que j'ai pu observer lors de nos pérégrinations. Elles me font rire, pas toutes sur le coup, mais j'ai vraiment envie de vous les partager. Parfois, vous allez les trouver exagérées, mais pas du tout… j'aimerais bien. Mais elles sont vraies.

- Un jour, je décide d'aller me balader avec un petit sac en plastique pour ramasser les déchets qui traînent dans l'herbe devant l'école devant laquelle nous passons pour nous rendre au parc. Cet acte émane du fait que mon chiot mange tout et parfois, il y a des biscuits au chocolat qu'il ne vaut mieux pas qu'elle mange. Très gentiment, une dame (qui attendait probablement ses enfants) s'approche de moi et me dit « vous ramassez vos déchets parce que vous culpabilisez de faire chier votre chien ici ? » / « Non madame, je ramasse les déchets laissés par vos gosses et vous les laissez jouer dedans ». Fin de l'histoire.

- Lors d'une balade, ma chienne décide de jouer dans les hautes herbes, toujours devant la même école. Une petite fille de 3 ans veut passer près d'elle et la maman qui s'exclame, une fois passée derrière mon dos « oui mais fais attention avec tous ces cons qui font chier leurs chiens ici ». J'avais un sac à caca rempli dans une main, la longe de ma chienne dans l'autre. Et vous ne rêvez pas sur le vocabulaire employé pour s'adresser à sa fille de 3 ans. J'ai répondu mais je tairais ma réponse.

— Un jour, au parc à chiens, il n'y a qu'un seul chien qui joue. Mais on entend du bruit en s'approchant. On rentre dans le parc et on se rend compte qu'un couple est en train de faire courir leur chien après une voiture télécommandée qui fait le bruit de trois tondeuses à gazon. Légèrement à côté de la plaque, le mec fait venir sa voiture près de ma chienne qui en a une peur bleue et cherche à sortir du parc en essayant de passer sous la porte en creusant… Sans commentaire.

— Ma chienne est extrêmement sociable avec les autres chiens, mais on m'a dit une fois « ne vous approchez pas s'il vous plaît, notre chienne n'aime pas les Shibas »…

— Une femme possède deux chiens au parc (une pensée pour elle en écrivant ceci) : un petit mâle et une femelle un peu plus grande. Je ne sais pas pourquoi mais le plus petit des deux n'accepte que les autres chiens à condition que sa propriétaire les caresse en premier lieu… La première fois, ça passe pas. La seconde ? Elle se dit « oh ça a l'air de bien se passer, je vais le détacher » et son chien fonce sur la mienne pour la bouffer. Je récupère ma chienne tant bien que mal et elle me sort « mais oui aussi mais quelle idée d'avoir un Shiba ». Ah bah oui, visiblement, le problème, c'est mon chien, certainement pas le sien…

— Un jour de chaleur interminable (je parle de ses menstruations), je décide, pour changer un peu, de l'amener à la plage. Évidemment, elle est en laisse car en chaleur. Puis là, je me retourne après plusieurs mètres et y'avait une tripotée de chiens mâles derrière nous. Je continue d'avancer mais y'en a un qui est très insistant et continue de nous suivre. Voyant la propriétaire faire de grands signes au loin, je m'arrête. Elle arrive au bout de quelques minutes, son chien n'osant pas s'approcher de nous. Elle est rouge écarlate et me sort « elle est en chaleur ? Vous auriez pu le dire non ? » Ah oui, pardon !! Le fautif, c'est moi !! J'aurais du mettre une pancarte EN

CHALEUR sur ma chienne accompagnée d'un gyrophare clignotant. Bah non madame, c'est à vous d'attacher votre chien…

6.
L'ÉDUCATION

Le chapitre que je crains le plus... celui de l'éducation. L'idée qu'un chien a besoin d'être dominé par l'homme est tellement ancrée qu'il est difficile de crier haut et fort que vous prônez l'éducation dite positive. Je préfère, comme mentionnée dans l'introduction dire que la méthode est "dite" positive afin de n'attirer les foudres de personne. Je sais combien les avis sont tranchés, je sais que les jugements vont vite et que les gens ont encore et toujours besoin de ranger les autres dans des cases. Il serait tellement facile de prendre deux phrases de ce guide, de les mettre conjointement et de commenter "oh la la, ce mec n'y connait rien en matière d'éducation". Alors oui, autant que je le rappelle, je ne prétends pas tout savoir sur nos amis les chiens, ni même avoir un diplôme qui atteste que ce que nous faisons avec notre chien, c'est la meilleure façon de faire.

Ceci dit, nous le faisons dans le respect de l'animal. Pour son bien-être et le nôtre, au passage. Je m'apprête, encore une fois, à vous faire part de notre expérience afin que vous puissiez vous faire une idée de ce qu'est l'éducation au quotidien. D'ailleurs, je pense à cela maintenant, il pourrait également être utile aux gens qui ont un chien avec lequel ils doivent "reprendre" l'éducation : un chien adopté dans un refuge, un chien qui a subi un traumatisme (comme une attaque), un chiot qui devient adolescent. Et encore, je suis gentil. Je dis "reprendre" comme s'il suffisait de quelques jours pour éduquer un chien... Eh non, c'est un travail du quotidien, de chaque moment que vous allez passer à ses côtés.

Vous allez parfois avoir envie de pleurer, de vous jeter contre un mur, de tout abandonner en mode "j'en peux plus, il/elle ne comprend rien". A ce moment-là, sortez. Allez dehors, même en pleine tempête ou sous un soleil de plomb. Allez-y seul(e), sans votre chien. Il vaut mieux arrêter un exercice que de s'énerver. Car, quoiqu'on en dise, le chien ressentira toujours toutes vos émotions. Parfois j'entends "ne lui montre pas que t'es stressé, fais semblant que tout va bien". Alors oui, ça, ça ne marche que pour les êtres humains. Les chiens sont loin d'être dupes donc vous aurez beau faire tout ce que vous voulez en cas de stress, il le sentira sans le moindre problème.

L'APPRENTISSAGE EN SOLO

Lorsqu'elle est arrivée à la maison, nous avons commencé par la laisser tranquille. Nous ne voulions pas lui donner des ordres à tout va alors que tout ce qu'elle connaissait jusqu'à présent avait été balayé en 2 heures de voiture !

Désormais, tout était nouveau et cela faisait déjà beaucoup de choses à apprendre pour elle. Mine de rien, dans cet appartement, elle devait avoir ses propres repères, savoir où elle pouvait aller - ou non, où elle devait manger et boire, et surtout intégrer le fait que, chez elle, elle ne pouvait pas faire ses besoins. Nous jugions donc que cela faisait beaucoup d'apprentissage pour un chiot, et que son lot de frustrations allait arriver à grand pas. Vous allez penser "frustrations ? quelles frustrations ?" Bien sachez que c'est notre éducatrice qui m'a ouvert les yeux : tout, dans la vie d'un chien de compagnie, est frustration. Il ne peut pas manger ce qu'il veut, quand il veut ; il ne peut pas faire ses besoins quand il veut, où il veut ; il ne peut pas détruire ce qu'il veut, quand il veut... et ainsi de suite.

Il va donc falloir s'armer de patience et lui apprendre pleins de choses, bien au-delà du simple "assis" et "couché" : la gestion des émotions, la solitude, la confiance, la sécurité, la socialisation.

Je disais donc, dans cet apprentissage, nous avons peu à peu introduit la notion de confiance. Ne vous méprenez pas, on estime que le chiot vous fera pleinement confiance aux alentours de ses 8 mois. Avant cela, tout n'est que jeux, découvertes, copains et nourriture !

LES BESOINS

C'est donc armé de pleins de livres et sans l'aide de notre éducatrice que nous avons débuté son apprentissage. Concernant les besoins, nous avions la chance de partir d'une bonne base : elle avait intégré la notion de dedans-dehors. Et ce, grâce à l'élevage où nous l'avions adoptée. Elle n'était pas dans un box au beau milieu d'un chenil, mais dans un chalet au beau milieu... de la nature. Donc elle avait cette notion de faire pipi dans l'herbe et non sur le sol dur, par pur mimétisme de la maman. Oui mais voilà, en appartement, y'a des sols durs partout... et ça manque cruellement de terre et d'herbe. Pour pallier cette absence, nous avons donc opté pour l'option la plus simple déjà mentionnée dans le chapitre "Balade" : nous la sortions toutes les deux heures et deux à trois fois par nuit. Cela a duré un mois, je rappelle le calcul, l'âge du chiot en mois équivaut au nombre d'heures qu'il peut se retenir. Bien évidemment, nous avons eu des accidents. Des pipis toujours (elle n'a jamais fait caca à l'intérieur), où elle prévenait trop tard (genre 2 secondes et demie avant de faire...). Courageux - ou fous, ça dépend de quel point de vue vous vous placez - nous avions décidé de garder le tapis en place dans notre salon, car elle aimait jouer dessus. Alors, comment vous dire ça simplement... cela m'a coûté cher en bombe de nettoyage pour tissu. Voilà, vous avez compris. Mais que faire quand le chiot fait pipi à l'intérieur ? Aujourd'hui, on estime qu'un chiot ne fait aucune corrélation entre ce qu'il vient de faire et une punition. En revanche, il est parfaitement capable de discerner un mécontentement. Ce sera long, mais au bout du compte, beaucoup plus efficace. Je suis toujours horrifié quand j'entends quelqu'un me dire "oh moi je lui mets le nez dedans et il ne recommencera pas". Alors non, il ne recommencera pas, mais il va développer une peur. Une peur envers vous et cela va avoir des incidences logiques sur la relation que vous aurez avec votre animal. Nul besoin de cela. Donc montrez-lui que vous n'êtes pas content... sans crier. Tout est dans le ton avec un chiot, les cris, ça peut l'apeurer plutôt qu'autre chose. Parlez-lui, sur un ton neutre, dans lequel vous tenterez de faire passer le massage : pas de pipi ni de caca à l'intérieur de la maison. En théorie, il faudrait également que le chiot ne fasse pas ses besoins... dans votre jardin. Si vous n'avez pas le temps de balader votre chiot pour qu'il fasse ses besoins, n'en adoptez pas. Cela est simple, avoir un jardin, cela réduit les balades et la conscience des maîtres est bel et bien préservée : "oh mais il a un jardin pour faire ses besoins et courir". Oui mais... non ! Votre chien ne doit pas juste se balader pour courir et faire ses besoins. Il doit flairer, flâner, jouer, découvrir, faire connaissance avec pleins d'autres chiens... C'est bien simple le jardin, cela fait partie de la maison. Et je suis ravi de voir que ma chienne a bien intégré cela. Lorsque nous nous rendons dans nos familles, le jardin est considéré comme la maison, aucun pipi ni caca ne sera donc fait et même, si elle a envie, elle nous demandera.

    D'ailleurs, certaines personnes vont vous dire "il faut laisser le chiot demander". Alors oui, mais si l'envie est pressante, il demandera 2 secondes avant de faire. Le temps de sauter dans vos chaussures, d'attraper la laisse et de lui mettre, de descendre les 4 étages, c'est trop tard. Nous avions donc opté pour "elle demandera quand elle aura vraiment besoin" et nous avons donc préféré anticiper ses besoins en la sortant plus que de raisons.

    Très honnêtement, les choses se sont faites naturellement. Quand nous y songeons, nous n'avons pas tant eu d'accidents que ça, le dernier, c'est quand elle avait 7 mois.

Elle était légèrement perturbée par ses chaleurs et s'est "oubliée" en faisant pipi sur le tapis. Car oui, certains chiots s'oublient, rêvent... et donc font pipi là où ils sont. Encore une fois, rien de grave.

L'EXERCICE MENTAL

Là encore, j'avais pas mal d'apriori sur les exercices mentaux. Je pensais bêtement que cela réduisait le chien a une bête de foire. Que nenni ! Cela l'instruit, maintient ses facultés d'apprentissage et le fatigue, en prime !

Commencez par le plus simple, le fameux "assis". Mine de rien, cet "ordre" va vous être utile dans pleins de situations. Quand votre chiot sera à son maximum d'excitation un "assis" pourrait le calmer aussitôt ; quand, à l'extérieur, vous voudrez l'inspecter pour vous assurer que ce n'était pas une tique que vous avez cru voir sur lui : "assis" ; quand il faudra lui apprendre à ne pas réclamer de nourriture quand vous êtes à table, "assis" ; quand il faudra lui apprendre à traverser la route, "assis" avant chaque passage piéton. Vous allez me dire "oui mais une fois qu'il s'assoit, c'est gagné ?" Eh non, ce serait trop beau. Au début, il faudra lui faire faire ses exercices à l'intérieur, un peu tous les jours. Il faut, bien sûr, que votre chiot et vous-même soyez dans de bonnes conditions. Si vous êtes fatigué(e) ou si votre chiot n'a pas envie, bien l'exercice doit être remis à plus tard. Un peu tous les jours. Ne faites pas 45 minutes d'exercices le lundi en pensant "ah je suis tranquille pour toute la semaine". Bah non, ça ne marche pas comme ça, comme pour tout le reste, c'est un travail du quotidien. Pour vous donner un ordre d'idée, nous le faisions environ 10 minutes pas jour, pas plus. Nous nous alternions : un jour chacun. Enfin, un jour sur trois. ou quatre. Bref, je dois avouer que la tâche me revenait le moins souvent. Je n'avais pas la patience de lui apprendre tout cela, par peur de ne pas la voir progresser.

Évidemment, tous les exercices étaient récompensés par des friandises.

Très rapidement, elle a su s'asseoir, se coucher, donner les pattes du bon côté (soit du côté de la main tendue), attendre (très très utile le "attends" pour prévenir pas mal de situations en extérieur !), les notions de "oui" et de "non".

Au fur et et à mesure, il faut que les exercices soient faits ailleurs qu'à la maison. Il faut introduire des distractions tout autour de votre chiot pour entraîner sa capacité à se concentrer. Allez donc dans le parc à côté de chez vous, choisissez un endroit sans personne, ni chien. Le fait d'être dehors est déjà extrêmement distrayant pour lui ! Vous verrez qu'à force d'exercices, votre chiot vous écoutera plus facilement, notamment quand il se retrouvera dans un parc à chiens, entourés d'une dizaine de copains !

LES CODES CANINS

Effectivement, votre chiot a acquis certains moyens de communication avec sa maman et sa fratrie. Il a également des codes qui sont inhérents à la race. Je m'explique : chaque race a des moyens de communications différents mais, toutes réunies, elles sont capables de communiquer les unes avec les autres sans trop de soucis. Je suis contre l'avis de jeter votre chiot en pâture dans un parc à chiens en vous disant "allez, il va apprendre". Alors oui, il va surtout apprendre... à avoir peur et à se réfugier dans vos jambes. Et ce n'est pas le but recherché. Depuis qu'elle est petite, elle se couche dès qu'elle voit un chien. Cela signifie "je suis gentille, je veux bien jouer avec toi", puis elle saute comme une sauvage dès que le chien approche en lui faisant, parfois, légèrement peur. C'est pour ça que nos balades durent le double, voir le triple, du temps prévu par mes soins. Mais c'est essentiel de laisser votre chiot communiquer, je n'ai jamais forcé ma chienne à se relever et à avancer sous prétexte qu'il pleuvait, qu'il faisait chaud ou que j'étais pressé. Les seules fois où je ne veux pas qu'elle se couche, c'est parce que la demoiselle le fait au beau milieu d'un passage piéton... Après, il est proscrit que je lui interdise de le faire, donc je l'accompagne en lui parlant, en lui spécifiant qu'elle peut communiquer sur le trottoir, si elle veut !

Donc, pour commencer, nous avons fait le test avec ses copains. Elle se débrouillait mais il n'y avait que de la bienveillance de la part des autres chiens. Pourquoi me direz-vous ? Parce que jusqu'à l'âge de 5 mois, le chiot bénéficie d'une armure de protection invisible. Il est jeune, donc fragile et en plein apprentissage. Les adultes sont donc plus sympathiques et patients qu'avec les autres. Si jamais vous croisez un chien dont le maître vous dit "oh en général, il n'aime pas les chiots", ne vous attardez pas. Ça doit être un chien qui n'a acquis aucun code canin et qui ne sait donc pas faire la distinction entre un jeune chiot, un adolescent et un chien.

C'est donc avec ses copains qu'elle a appris à communiquer. Mais je vous avoue que la race et que ses antécédents à l'élevage l'ont bien aidé. Eh oui, le Shiba, c'est un chien extrêmement codé. Il ne laisse rien passer ! Par exemple, dans un parc à chiens, ma chienne ira dire bonjour à tous les chiens et à chaque nouvel entrant. Et un vrai bonjour, s'il vous plaît, avec la truffe ! Hors de question qu'un chien débarque et lui sente le derrière sans s'être présenté et effectué un truffe contre truffe au préalable !! Je pense donc à ces chiens qui ont plus de mal à comprendre et qui ont besoin d'une intervention humaine. Alors attention, encore une fois, seul le maître doit intervenir, pas les autres. Quand je vous dis "intervention", je ne parle pas d'intervention physique, systématique et criarde. Parlez-lui, tout est basé sur votre confiance. Cela peut paraître stupide au début mais au bout du compte, votre chiot saura vous écouter. Aujourd'hui, à 10 mois, quand je lui dis "pas de bisou s'il ne veut pas", elle n'insiste pas et laisse son congénère tranquille. Pareil pour les chiots, je lui demande d'être indulgente, de faire attention. Tout s'apprend !

AVEC NOTRE ÉDUCATRICE

A l'aube de ses 4 mois, une éducatrice est donc venue à la maison. Croyez-moi, sa présence a été plus qu'utile. D'ailleurs, si à ses 3 mois, vous pensez "oh on s'en sort plutôt bien, on n'a pas besoin d'un éducateur". Bien détrompez-vous, décrochez votre téléphone et appelez-en un ! Pourquoi ? Parce qu'il ne faut pas se reposer sur ses acquis et penser qu'on est les meilleurs. C'est toujours bien d'avoir l'avis d'un professionnel. Faites en sorte que ce professionnel en question soit compétent et ne pratique pas une éducation de dominant/dominé sur le chien et que vous obtiendrez tout de lui en lui faisant peur.

> « SI À SES 3 MOIS, VOUS PENSEZ "OH ON S'EN SORT PLUTÔT BIEN, ON N'A PAS BESOIN D'UN ÉDUCATEUR". BIEN DÉTROMPEZ-VOUS, DÉCROCHEZ VOTRE TÉLÉPHONE ET APPELEZ-EN UN ! »

La première rencontre se fait donc à l'appartement, sans présence d'un autre chien. On s'assoit tous par terre et la demoiselle semble très contente d'avoir trois personnes assises à sa hauteur. Nous commençons donc par attirer son attention pour qu'elle vienne vers nous.

Il s'agit donc du rappel, qui va devoir se faire étape par étape, sans vouloir aller trop vite. Il va falloir apprendre à votre chiot que, revenir vers vous, c'est super ! Et quoi de mieux pour cela que des friandises ? Il faut donc des friandises qui ont une certaine appétence, uniquement sélectionnées pour le rappel en extérieur. Bien que nous avions déjà commencé le rappel en extérieur, nous avons volontiers suivi les étapes pour habituer notre chiot à revenir vers nous. Une fois cette notion acquise dans notre appartement, nous avons fait le même exercice dans le jardin de la résidence. Evidemment, elle avait sa longe qui traînait au sol, il était hors de question qu'elle ait accès à une totale liberté. Vous allez voir que c'est beaucoup plus simple de rattraper votre chiot, soudainement attiré par tout autre chose que vous, quand il a sa longe ! Une fois le rappel dans un endroit clos acquis, vous pouvez passer à l'extérieur. Alors attention, n'allez pas faire le rappel dans un parc où il y a trop de stimulations extérieurs. Choisissez un endroit calme, où il n'y a pas trop de chiens ni trop de passants (surtout des enfants). Alors je vous dis ça mais c'était facile pour nous, elle avait 3 mois en plein hiver. Donc nous étions souvent assez seuls au parc (et tant mieux !). Pour le coup, elle revenait à chaque fois et nous étions plutôt contents En revanche, je ne vous cache pas que j'ai mis longtemps à la lâcher complètement, sans sa longe. Pourquoi ? Aucune idée. Il a fallu que la confiance entre elle et moi s'installe. Il y a une espèce de contrat qui se met en place entre vous et votre chiot quand vous décidez de le lâcher ; et je pense que je voulais être prêt à la voir s'éloigner puis revenir.

    Evidemment, ce jour-là, ça a été un grand moment... de peur surtout. Elle a rencontré deux chiens dont un qui avait un rappel et l'autre, pas du tout. Résultat, je la voyais s'éloigner avec le chien qui partait le plus loin et revenir vers moi de temps en temps histoire de s'assurer que j'étais bien là avec ses friandises et sa bouteille d'eau !

    L'éducatrice m'a évidemment fait prendre conscience qu'un chien devait sentir qu'on lui faisait confiance et qu'il fallait qu'il ait ses propres moments de liberté encadrée. Car oui, je déconseille à tout le monde d'ouvrir la porte de son appartement ou de sa maison et de dire « allez kiki, va te promener et fais attention à toi hein ! ». Je vous dis cela parce que, par moment, c'est ce qu'il se passe dans ma résidence... Ça me laisse perplexe et je me dis « jamais de la vie je ferai ça ».

Avec l'éducatrice, nous allons également apprendre à notre chiot à redescendre tranquillement lorsque son excitation est au plus haut. Car ce n'est bon ni pour elle, ni pour nous. Surtout que le demoiselle choisit très vite son moment pour avoir ses quarts d'heure de folie : le soir. Nous nous procurons donc ce dont je ne voulais absolument pas chez moi : une caisse de transport. Pourquoi, me direz-vous ? Je ne voulais pas avoir une cage dans laquelle je pouvais enfermer ma chienne. J'étais loin de m'imaginer de l'utilité qu'elle aurait ! Déjà, parce que c'est rassurant pour un animal d'avoir une espace clos comme une caisse de transport. Rassurant car personne ne peut l'embêter une fois dans sa caisse. Bien sûr, il a fallu travailler pour la faire rentrer, puis la laisser à l'intérieur. Du temps, de la patience et nous ne l'avons jamais mise de force. Nous l'avons toujours accompagner. Une fois la caisse adoptée, nous l'avons mise dans notre voiture et cela a été un bonheur pour nous de prendre la voiture avec elle, sans qu'elle ne pleure.

Car oui, la voiture, c'est également quelque chose à travailler. Si le premier trajet de chez l'éleveuse à chez nous s'est passé sans encombre, les autres trajets sont devenus compliqués. elle n'était pas malade (car certains chiens vomissent en voiture) mais elle couinait, pleurait et n'avait envie que d'une chose : sortir.

Maintenant, avec sa caisse de transport, plus aucun problème pour prendre la voiture ! Je vous dirais même : on a tout gagné ! En cas d'accident, elle est super protégée, plus que si elle était assise sur un siège attachée avec une ceinture laisse (ça existe !) ; pour la propreté de ma voiture, je dis merci à mon éducatrice pour ce conseil !! Un chien transpire par ses pattes… donc si peu qu'on ait fait une balade dans de l'herbe, les sièges deviennent vite noirs et sales !

Nous avons également appris à « faire ressortir la femme qui est en nous » avec notre éducatrice. Je l'ai mis entre guillemets car ce sont ses mots. Car oui, un chiot répond davantage à des sons aigus. Il faut donc apprendre à prononcer son prénom avec une voix aiguë pour attirer son attention. En grandissant, vous pouvez arrêter mais en revanche, continuez d'avoir une petite balle qui couine pendant toutes vos balades !! Moi je l'ai mise dans une des poches latérales de mon sac à dos qui ne me quitte jamais. Si elle est loin et que je veux qu'elle revienne vers moi, je l'appelle et fais couiner la balle juste après, sans même à avoir à la sortir. C'est pratique et ça marche à tous les coups !

L'ADOLESCENCE

Vous voyez tout ce que vous venez de lui apprendre pendant ces longues semaines ? Vous êtes si fiers de vous et de votre chiot !! Il vous écoute, il revient vers vous quand vous l'appeler, il s'assoit pour avoir sa friandise… Ah le bonheur !! Tout le monde vous regarde et vous convoite en se disant « mais comment font-ils pour avoir un chien qui écoute aussi bien ? » et vous adorez qu'on vous le dise.

Seulement, profitez-en bien car elle arrive plus vite que prévu : l'adolescence. Mais que se passe-t-il pendant cette période ? C'est simple, votre chien va tout oublier. Tout ce que vous lui avez appris, du jour au lendemain, il ne saura plus rien faire. Il ne s'assoit même plus alors que c'était l'ordre de base qu'il savait très bien faire.

Je pense sincèrement que c'est un raccourci de dire « il oublie tout ». Je pense simplement qu'un certain libre arbitre se met en place. Je m'explique. Maintenant, vous avez un parc de référence que votre chiot connaît pas coeur. Il sait qui est passé et quand, car son flaire ne le trompe jamais. Donc quand vous allez le libérer puis l'appeler, il va simplement vous regardez et se poser la question « est-il dans mon intérêt d'y aller ou bien de rester ici, à flairer toutes ces odeurs magnifiques ? ». Puis il va très vite répondre à cette question et vous pourrez lire dans son regard « non toi viens, moi je suis bien où je suis ». Il faut donc tout reprendre. Ne le libérer qu'avec la longe, lui montrer qu'on n'est pas contents qu'il n'obéisse pas… Vous allez penser « mais pourquoi tout lui apprendre en premier lieu, pour tout recommencer ensuite ? Autant attendre l'adolescence et lui apprendre à ce moment-là ! ». Oubliez. Vraiment. Il vaut mieux que les bases de l'éducation du chiot soit solides. Car plus vous attendez, plus ce sera long et compliqué de lui apprendre quoique ce soit. Petite information importante : lorsque vous vous apprêtez à le sortir, il sait très bien ce que vous prenez et ce que vous ne prenez pas. Elle sait pertinemment, par exemple, que le matin, je ne prends rien : pas de balle, pas de friandise, pas de sac à dos. Juste elle et un sac à déjections. Devinez quel est le moment de la journée pendant lequel elle décide de ne rien écouter ? Le matin, bien sûr. Le reste du temps, elle revient. J'ai sa balle, ses bonbons, de l'eau... Je suis donc une banque de jouets et de nourriture très intéressante. Action, réaction. Il faut s'adapter, comme d'habitude. Je ne la lâche qu'avec la longe le matin et je créé toujours la même surprise quand je sors ses friandises de ma poche !

Alors, il va de soi que chaque chien est unique, a son propre caractère et est également prédisposé selon ses gènes. Donc selon sa race. Tous les chiens ne vont pas faire leur adolescence au même moment !

Il faut juste bien s'informer sur la race que vous souhaitez adopter et faire en fonction. Ce qui est sûr, c'est que vous n'y échapperez pas. Le caractère de votre chien va s'affirmer lors de cette période et vous pourrez alors penser « mais ce n'est plus le même chien ! ». Faites en sorte qu'il ait confiance en vous, qu'il soit à cheval sur les codes canins, qu'il aime toujours autant s'amuser découvrir, flairer, faire connaissance avec ses congénères. Poussez-le à vivre des expériences avant son adolescence, sans pour autant le brusquer.

Par exemple, je peux vous parler du tramway. Tout le monde me poussait à la mettre dans le tramway avant ses 4 mois car tout ce qu'ils vivent avant cet âge, ce ne sont que des choses qu'il ne craignent pas plus tard. Oui mais elle craignait beaucoup de s'approcher de ces énormes véhicules bruyants, qui passent en plein milieu de la pelouse dans laquelle elle adore se rouler. Donc j'y suis allé en douceur, on s'approchait des tramways surtout le soir, quand il n'y en avait plus beaucoup. Petit à petit, elle a accepté de marcher à côté des lignes et a pris confiance. Elle avait 8 mois quand elle est rentré, pour la toute première fois, dans un tramway. Elle était dans son sac à dos et elle a adoré !! Maintenant, elle le prend sans rien dire, toujours avec la même obsession : faire des allers-retours pour voir ce qu'il se passe dehors à chaque porte vitrée… J'ai beau lui expliquer que, de toute façon, on roule et qu'elle a le temps de ne rien voir qu'elle s'en fiche. C'est son jeu.

7.
L'ALIMENTATION

Petit message aux détracteurs qui n'auront ouvert ce livre que pour regarder le passage sur l'alimentation : je ne préconise rien, je ne donne l'avantage à rien. Nous avons fait en fonction de nos moyens, de notre chien, de nos principes. Rien de plus. Encore aujourd'hui, nous nous remettons parfois en question et savons très bien que rien n'est figé, que tout peut être amené à changer.

Je préfère que les choses soient claires dès le départ… Désolé si l'aparté vous a heurté. Mais honnêtement, c'est le seul point (l'alimentation) pour lequel j'ai pensé « si j'avais su que ça allait être aussi compliqué, je n'aurais pas adopté de chien ».

« NOUS AVONS FAIT EN FONCTION DE NOS MOYENS, DE NOTRE CHIEN, DE NOS PRINCIPES. »

Croquettes, viande crue, ration ménagère… En d'autres mots, alimentation industrielle, carnivore, variée. A cela s'ajoute les centaines de marques disponibles, les sites spécialisés qui vous disent « vous ne faites rien, on s'occupe de tout ! », les packagings séduisants ou non. Et évidemment, tous les conseils de tout le monde. En permanence.

Par définition, le chien est un carnivore opportuniste. Chasseur dans l'âme ou non, cela veut dire qu'il mange ce qu'il trouve. Dans la nature donc, en supposant que tous les êtres humains disparaissaient tous d'un coup, les chiens mangeraient d'abord ce qu'ils trouveraient avant d'aller chasser. C'est la raison pour laquelle les pro viande crue vous jugeront et essayeront de vous convaincre en permanence qu'ils font ce qui est bien pour leur compagnon à quatre pattes. Autrement dit, vous, vous faites mal.

Je vous dis cela car vous viendrez à douter de vous-même, à un moment donné. Nous avons opté, de notre côté, pour des croquettes sans céréale. Ce qui revient le plus de la part des gens qui ne sont pas d'accord avec notre choix ? Ça : « c'est très mauvais pour la santé des chiens, leurs estomacs se sont habitués aux céréales donc tes croquettes, ils ne les digèrent pas ». Ce n'est pas vrai. Au tout début de sa vie, dans son élevage, elle a eu des croquettes avec céréales. Mais une fois arrivée à la maison, nous avons fait une transition dite « longue » mais très vite, la chipie a trié en ne mangeant que les croquettes sans céréale, sachant, je suppose, qu'elle savait très bien ce qui était bon pour elle.

Nous avons tellement bien fait d'écouter notre éleveuse et de faire tout de suite la transition ! Sinon, en effet, son estomac se serait retrouvé très habitué des céréales et nous n'aurions pas pu choisir cette marque de croquettes.

Concernant la marque, de nombreux sites comparatifs existent, des études également que vous pourrez trouver sur certains groupes sur les réseaux sociaux.

Seulement, vous entendrez, comme d'habitude, tout et son contraire. Votre éleveur fait un choix par défaut, d'une grande marque bien connue car populaire mais à la composition des croquettes plus que douteuse. Pourquoi faire ce choix ? Car cette marque a réussi un coup de com' incroyable et offre des prix dégressifs pour les professionnels. En parlant de ça, votre vétérinaire les vendra aussi donc il vous vantera sans cesse que c'est la référence en matière de croquettes et qu'on peut y aller les yeux fermés. La blague. Soudainement, tous les problèmes de santé de votre chiot pourraient être réglés avec des croquettes industrielles remplies d'ingrédients mystères. Je ne jette pas la pierre aux vétérinaires, car il y en a encore qui font ce métier par passion. Mais sérieusement, pour vendre un paquet de croquettes à 60 € les deux kilos en prétendant que ce sont les meilleures croquettes du monde, je peux très bien être véto à mes heures perdues moi aussi.

Je me souviens très bien d'ailleurs que les vétos que nous consultons, au sein de la même clinique ne sont pas d'accord. Alors que deux d'entre eux nous ont dit que notre choix était très bien, un troisième s'est permis de dire que nous nous étions laissé berner par un packaging attirant. Alors euh... comment dire. Le packaging et le marketing autour des croquettes que tu vends est bien plus important que celui qu'on a choisi, qui est simple parce qu'en réalité, ils mettent le prix dans leurs ingrédients et non dans leurs emballages. Après réflexion, je ne suis même pas sûr qu'il savait de quelles croquettes je parlais tellement son discours était formaté.

Et puis, avant de me décider sur une marque de croquettes, je cherchais sans cesse à déchiffrer les étiquettes de composition. Vous voyez ce que c'est un hiéroglyphe ? Voilà, ça vous fera le même effet ! Ce qu'il faut retenir surtout, c'est qu'il faut se tourner vers une marque qui utilise des produits que nous, les humains, nous pourrions consommer et que ces derniers soient cuits à basse température afin d'en garder les propriétés essentielles. Et non pas les restes limites avariés que certains industriels broient (os compris) pour les faire chauffer à haute température. Un délire.

Nous avons fait ce choix car la ration ménagère ou la viande crue, c'est un peu plus délicat à transporter à droite et à gauche. Et en vacances, c'est carrément un casse-tête. Personnellement, je ne me vois pas envoyer des colis réfrigérés une semaine avant de partir dans notre prochain hôtel pour nourrir mon chien. Surtout que la chaîne du froid, pour moi, c'est très important. Donc mettre de la viande crue (congelée ou non) ou bien une ration ménagère dans une glacière... Non. Trop de stress !

En revanche, je pensais avant d'avoir ma chienne, qu'elle ne mangerait rien d'autre que ses croquettes et des friandises triées sur le volet. Un jour, une personne m'a dit « mais quelle vie de ne manger que des croquettes ! ». Cette personne m'a littéralement fait déculpabiliser. Car ma chienne mange de tout.

J'avais également peur de devoir lui peser ses rations et pas du tout !! Elle a des croquettes à volonté et, toute seule sans l'aide de personne, s'est régulée. Parce que oui, proportionnellement, un chien a un estomac trois fois plus gros que celui d'un être humain. Ce qui signifie qu'il ne devrait manger qu'une fois par jour. Mais que de contraintes. Ma chienne mange quand elle a faim, et elle mange la ration dont elle a besoin. Elle est relativement sportive et mange environ 2 fois plus de croquettes que la recommandation inscrite sur le paquet. Je vous rassure, elle n'est pas grosse du tout (trop maigre dirait même le véto fâché parce qu'on n'achète pas ses croquettes nulles !).

Au-delà de ses croquettes, quand je dis qu'elle mange de tout, c'est en quantité infinitésimale. Elle a de tous petits morceaux de charcuterie, de viande crue, de fruits, de légumes, de fromages... mais quand je vous dis petits morceaux, ce n'est pas plus gros que l'ongle du petit doigt. Et ce n'est pas tous les jours non plus, juste de temps en temps. Cela lui a permis de s'habituer à tout, et je suis persuadé que son estomac a trouvé un certain équilibre. Du coup, tout devient une friandise à partir du moment où ce n'est pas une croquette !

En parlant de ça, voici ce que vous pouvez ou ne pouvez pas donner à votre chien :

— **OUI** : concombre, fraise, pomme (attention aux pépins !), poire (attention aux pépins !), banane, carotte, kiwi, citrouille, myrtilles, tomates, mangue (sans la peau), petit pois, noix de coco, patate douce, radis, poivron, épinards (cuits), asperges (coupées et cuites), viande, poisson (sans arrête), volaille (sans os), oeuf (cuit ou dur).

— **AVEC MODÉRATION** : brocolis, ananas, maïs, laitue, framboise, abricot, pêche, pastèque (sans les pépins), riz, datte, olive, bacon, pain, figue, orange, fromage (évitez les fromages bleus), jambon.

— **PAS RECOMMANDÉ** : piment, cerise, sel, saucisse, cornichon, pistache, biscuit (surtout au chocolat !), croissant, glace, ketchup, citron.

— **INTERDIT** : poisson cru, café, gras, champignon, raisin et raisin sec, groseille, rhubarbe, avocat, chocolat, oignon, ail, soda, noix de macadamia, bonbon, thé, lait, os cuit.

Elle a aussi des friandises spéciales « chiot ». Des trucs qui sentent vraiment pas bon mais qu'elle adore bien sûr... Si vous êtes sujet aux odeurs, bah prenez sur vous !! Car plus ça pue, plus ils en raffolent : des petits poissons séchés, de l'agneau, des bâtonnets de poulet, des sabots de veau, des oreilles de cochons...

Certaines friandises ont la particularité de l'occuper pendant un bon moment. Les sabots de veau par exemple. C'est un sabot que le chiot va ronger encore et encore. Plus il va le ronger et mettre de la salive dessus, plus le sabot se ramollira. Au début, on ne lui donnait que sous surveillance, puis on lui a donné pour l'occuper pendant nos absences. Aujourd'hui, elle a une petite caisse dans laquelle elle a, à sa disposition, ses friandises « longue durée ».

Pour clore ce chapitre, je vais vous parler du stockage. Pour ma part, je n'ai pas opté pour un contenant à croquettes, dans lequel il faut, de toute façon, laisser l'emballage pour ne pas que les croquettes soient en contact avec du plastique (pour des raisons évidentes que les croquettes pourraient rapidement avoir un goût de plastique). J'ai donc opté pour un sachet de croquettes de 6 kilos, qui dure environ un mois. C'est le maximum pour conserver vos croquettes une fois le paquet ouvert. A chaque fois que j'ouvre le paquet, je remplis un pot en verre dans lequel je peux ranger 400 grammes de croquettes (j'ai pesé exprès pour vous !) et je mets environ 200 grammes dans la gamelle. Quand il n'y en a plus, je remplis. Pour fermer le sachet, je chasse l'air et j'enroule rapidement depuis le haut. Une fois le paquet roulé, je bloque avec 3 grosses pinces.

Évidemment, le paquet de 6 kilos est plus cher que celui de 12. Mais c'est pour son bien-être. Il faut prendre, selon le chien que vous allez adopter, un paquet qui dure raisonnablement 1 mois. N'achetez pas un paquet de croquettes de 15 kilos pour un chihuahua qui va manger 40 grammes par jour (je dis ça au hasard)… Le paquet va vous durer 2 ans. Et ses croquettes seront trop oxygénées au bout d'un mois. Mauvais calcul.

Question friandises, tout est séparé dans des contenants en verre. N'en achetez pas bien sûr mais récupérez-les : pot de compote, de confitures, d'olives… J'ai rangé les pots dans une caisse, avec des étiquettes sur le dessus. C'est rangé dans un placard hors de la cuisine, avec les croquettes. La cuisine peut être une pièce dans laquelle il peut très vite faire chaud et humide. Entre l'eau qui bout pour les pâtes et le four en marche pour le poulet, mieux vaut protéger l'alimentation de votre compagnon à quatre pattes et la placer dans un endroit sec, sans variation de température.

8. LE TOILETTAGE

Alors, je pense que vous l'avez compris et si ce n'est pas encore le cas, je vais le formuler clairement : j'aime faire les choses moi-même. Je n'ai rien contre les toiletteurs canins, mais je me fais plus confiance à moi qu'aux autres. C'est la raison pour laquelle je ne me suis même pas posé la question de savoir si c'était moi qui allait m'occuper de son toilettage ou si j'allais confier cela à quelqu'un d'autre.

Donc, avant son arrivée, je m'étais procuré un shampooing pour chiot aux protéines de blé. Il est bio, il ne sent rien mais il est efficace. En terme de bains, il ne faut pas agresser l'épiderme de votre chiot. Il faudra donc lui donner son premier bain à l'âge de 3 mois. Puis la fréquence des bains est de 1 à 2 par an selon les vétérinaires. Je vous conseille de le faire un peu plus souvent (genre 1 par trimestre) surtout si vous vivez en ville. La pollution va s'accumuler sur les poils de votre chien et il n'arrivera pas à tout faire partir en se lavant tout seul. Vous l'aidez donc en le lavant mais n'en faites pas trop. Je la mouille rapidement, avec de l'eau tiède. Je la frictionne doucement également avec son shampooing - n'utilisez aucun autre shampooing que ceux dédiés aux chiens - et je la rince. Je la sèche ensuite avec une serviette douce, sans la frotter pour ne pas lui faire de mal. Je termine au sèche-cheveux que j'ai acheté pour elle car il est très vieux, ne souffle pas trop fort et ne fait pas de bruit. Évidemment, n'utilisez pas de sèche-cheveux en plein été et adaptez-vous au poil de votre chien : court, long, mi-long, présence de sous-poils ou pas…

« N'UTILISEZ AUCUN AUTRE SHAMPOOING QUE CEUX DÉDIÉS AUX CHIENS. »

Puis vient le brossage. Alors, avec un Shiba, c'est… un vrai bonheur. Un chien qui mue, qui perd donc tous ses poils 2 fois par an pour parfaire sa robe mais surtout s'adapter aux températures extérieures. D'ailleurs, si les chiens ont des poils, c'est qu'ils ont une fonction. Renseignez-vous avant de vouloir tondre votre chien (seulement très peu de races doivent être tondues), de vouloir lui couper les poils devant les yeux (certaines races ont des poils devant les yeux car ils les protègent des UV du soleil), ou de vouloir utiliser des brosses qui vont lui arracher son sous-poil si précieux. Eh oui, encore une fois, adaptez votre matériel de brossage à son poil. Faites attention aux publicités mensongères et faites confiance à votre animal et à votre instinct. Moi, j'ai remarqué qu'elle n'était pas fan de sa brosse ronde banale. Je l'ai donc amenée dans une animalerie et elle s'est assise en fermant les yeux quand j'ai passé une brosse en forme de râteau, avec des picots pivotants. Je me suis dit « bon, c'est visiblement la brosse qui lui faut pour enlever ses poils morts ». Bingo, j'ai une brosse super efficace qu'elle adore !

Concernant les griffes, le sujet est légèrement plus sensible. Ayant eu un lapin pendant plusieurs années, j'avais acheté un coupe-griffe pour m'en occuper moi-même. Alors, avec mon lapin, c'était relativement facile car toutes ses griffes étaient blanches. Donc la veine se voyait facilement et je coupais 2 ou 3 mm avant. Pour ma chienne, la mission s'avère plus délicate. J'entends parfois des propriétaires de chien qui ont peur de le faire eux-mêmes, et je les comprends. Déjà, il faut habituer votre chiot à vous donner la patte... et faire en sorte qu'il reste tranquille quand vous la gardez avec vous, cette patte !! Ensuite, il faut, à l'oeil nu, situer la veine de l'ongle et ne surtout pas couper à ras. Si vous la couper à ras, votre chien va ressentir une petite douleur et va perdre pas mal de sang... Il faudra alors, armé d'une compresse imbibée de bétadine et de sang-froid, compressé la griffe jusqu'à ce que le saignement s'arrête (si la douleur est trop importante et que le saignement ne s'arrête pas, appelez vite votre vétérinaire !) Rien que pour ça, énormément de propriétaires de chiens laisse ce plaisir à un toiletteur ou au vétérinaire, qui le font pour quelques euros.

Bien loin de vouloir économiser cette modique somme, c'est tout à fait naturellement que je coupe les griffes de ma chienne moi-même. Pour débuter, je lui avais coupé 1 mm à chaque griffe histoire de l'habituer. Le lendemain, j'ai répété l'opération. Vous l'avez donc compris plus haut, toutes ses griffes sont noires (sauf une seule... et c'est déjà ça de gagné !), donc pour voir la veine, il faut se mettre en pleine lumière et avoir de très bons yeux.

J'ai réussi et je ne lui ai pas fait mal, le conseil donné précédemment, c'est mon vétérinaire qui m'en a parlé quand je lui ai dit que je m'occuperais de lui couper les griffes le moment venu.

A noter que certains vous diront que les griffes s'useront toutes seules, grâce au béton ou bien quand le chien creusera. Alors, la nôtre adore creuser et marche sur du béton pour rejoindre le parc. Ça lime les griffes mais ça ne les empêche pas de pousser. Quand vous entendez le bruit des griffes sur le sol, c'est qu'elles sont trop longues ! Cela peut provoquer des troubles au niveau de la colonne vertébrales, car le chien va naturellement mettre ses pattes plus en arrière et sa position sera donc mauvaise.

Autre sujet : les dents. Depuis son plus jeune âge, nous l'avons habitué à lui brosser les dents. Certains disent que c'est inutile. Je pense que si ça peut éliminer un peu de tartre, ça ne coûte rien de le faire. Enfin si, le kit brosse à dent / doigtier / dentifrice pour chiens. Le doigtier, quand le chiot a ses petites dents d'acier.. de lait pardon, c'est bien pratique. Puis assez facilement, elle s'est laissé faire avec la brosse à dents à deux têtes. Petit conseil, ne confondez pas votre dentifrice à la menthe avec celui au biscuit de votre chien. Ça ne nous est pas arrivé mais il vaut mieux prévenir. Quoique ce serait drôle.

Pour les dents, vous pouvez également lui donner des friandises avec des formes angulaires (en croix). Mais attention à la marque la plus populaire, elles contiennent trop de sucres et ne sont pas bonnes du tout sur le long terme. Tournez-vous vers des friandises naturelles. Le sabot de veau est également efficace pour détartrer la dentition de votre toutou.

Bon maintenant, il va falloir que je range mon égo et que je vous parle des yeux. Vivant au bord de la mer, elle a rapidement eu des écoulements au niveau des yeux. Surtout la nuit. Donc, au petit matin, elle avait des cacas d'yeux pas jolis à voir et je ne sais pas d'où cela venait. Un jour pas comme un autre, je l'ai attrapée et je ne lui ai pas laissé le choix : je lui ai abondamment rincé les yeux avec du sérum physiologique. Ça a été super efficace, et je pense qu'elle a compris que ça lui avait fait du bien. A tel point qu'après chaque virée à la plage, elle a le droit à son lavage oculaire afin de ne plus avoir, pendant plusieurs jours, voire semaines, des gênes au niveau des yeux.

Je culpabilise encore aujourd'hui, en me disant que c'était quand même un sujet délicat et que j'aurais dû imposer ce lavage plus tôt. Bien sûr, je lui avais proposé mais comme elle n'avait pas l'air enchantée, j'avais abandonné. C'est une leçon comme une autre : pour son bien, parfois, il ne faut pas lui laisser le choix.

9.
LE VÉTÉRINAIRE

Ah le bonheur dans le choix du vétérinaire. Vous allez penser "Mais pourquoi y consacrer tout un chapitre ? Un vétérinaire, c'est un vétérinaire, point." Histoire de garder un fil conducteur, et je ne veux pas vous laisser trop longtemps dans l'expectative : tous les vétérinaires ne se valent pas. Il y a tellement de choses à prendre en compte : l'accueil, le lieu, les soins, la douceur, la gentillesse, la qualité des conseils... Et là, nous savons tous pertinemment que chaque être humain est unique.

LE CHOIX DU VÉTÉRINAIRE

Tout d'abord, il serait judicieux de trouver un vétérinaire près de chez vous. Vous pouvez, avant d'avoir votre boule de poils auprès de vous, téléphoner et avoir des renseignements. Prenez un stylo et du papier, recensez les vétérinaires proches de chez vous et commencez votre inspection. Posez des questions simples, sur les races de chien qui consultent les lieux, sur leur réactivité, sur leur envie de bien faire les choses, ou pas.

Une fois que vous aurez fait votre choix, il faudra aller les rencontrer physiquement. En effet, vous allez devoir faire confiance à votre vétérinaire et connaître les lieux pour ne pas les découvrir en même temps que votre chiot. Pour ma part, c'était facile. Ayant eu mon lapin et forcément besoin d'un vétérinaire, j'avais déjà dans l'idée de sélectionner cette clinique pour ma chienne. Seulement voilà, sur les trois vétérinaires présents, un m'a beaucoup déçu.

Alors que les premières consultations s'étaient bien passées avec les deux autres, une consultation s'est mal déroulé parce que, vous comprenez, tous les maux de ma chienne auraient pu être soignés en... changeant ses croquettes par les croquettes industrielles que cette clinique vend, bien sûr !

Bon ça, vous n'y échapperez pas et il faudra faire l'impasse. Votre vétérinaire ne sera d'accord avec vous concernant l'alimentation que si vous choisissez la marque qu'il vend et, ça va de soi, que vous les achetiez à des prix exorbitants chez lui. Rien que pour ça, il faut vraiment choisir son vétérinaire et poser les conditions tout de suite. Je me souviens d'ailleurs qu'il m'avait carrément prescrit un paquet de 2 kilos de croquettes de la marque en question sous prétexte qu'elles étaient issues de je ne sais pas combien d'années d'études pour être plus digestes. Mensonge. Spoiler alerte : une croquette ne peut pas être bonne pour la digestion, une autre bonne pour les articulations, une autre pour le foie et ainsi de suite.

Le choix du vétérinaire est important et la confiance que vous aurez en lui aussi. Car votre chiot se basera sur vos ressentis lorsque vous l'amènerez là-bas pour la première fois. D'ailleurs, la première fois, ce sera une semaine avant son rappel de vaccin, à ses 3 mois, histoire de le familiariser avec les lieux et de le laisser quelques minutes dans cette ambiance médicale. Profitez-en pour le faire monter sur la balance par exemple, vous connaîtrez son poids et vous pourrez le féliciter de s'être bien comporté !

Donc, sans parler de leur nom spécifique, je vais vous parler des rappels de vaccins. Je pensais que tout le monde avait eu les mêmes informations que notre éleveuse nous avait communiquées, il n'en est rien. Certains nouveaux parents ne sont même pas au courant que des rappels de vaccins sont obligatoires pour la santé de leur toutou. Alors voilà, à l'âge de deux mois, un vaccin est administré pour protéger les chiens de plusieurs maladies mortelles. Étant donné que les chiots bénéficient de grandes défenses immunitaires transmises par leur maman, il faudra faire un rappel à l'âge de 3 mois. Sans ce rappel, le chiot devra avoir le moins de contact possible avec ses congénères. A 4 mois, il faudra donc faire un dernier rappel, et vous serez tranquille... quoique. Il y aura un rappel à faire tous les ans. Et, pour sortir du territoire français, votre chiot devra avoir un passeport qui lui sera délivré suite au vaccin contre la rage (il n'est pas obligatoire mais préconisé). Je connais certaines personnes qui ont tout fait en même temps. Je ne voulais pas lui infliger douze vaccins le même jour, donc j'ai préféré les étaler dans le temps.

Je me rappelle encore du vétérinaire me dire "elle sera un peu patraque aujourd'hui du coup". On attend encore vu que c'est comme si elle n'avait rien eu !

Après, notre chienne a été malade a deux reprises, avec des douleurs à l'estomac. Bah oui, un chiot, ça mange tout ce que ça trouve et parfois c'est trop tard pour lui enlever de la gueule sa dernière trouvaille (le pire du pire ? Je lui ai enlevé, de mes mains, le vomi d'un autre chien dans sa gueule. Un souvenir gravé à tout jamais...). La deuxième fois, il a fallu que je prenne sur moi et que je laisse le vétérinaire l'amener faire une radio. C'était long et bien sûr, en premier lieu, nous avions tous deux dit "non". J'avais tellement lu de choses négatives au sujet des vétérinaires qui, une fois seuls avec les animaux, pouvaient assez rapidement détruire une éducation que vous avez tellement eu de mal à mettre en place, que je ne voulais pas prendre le risque.

C'est la raison pour laquelle j'insiste sur la relation de confiance que vous devez entretenir avec votre vétérinaire.

LA VACCINATION

Alors là, heureusement que votre chiot aura un carnet de santé. Et encore, n'hésitez pas à tout noter sur votre calendrier… Car des rappels, il va y en avoir ! On dit qu'en France, aucun vaccin n'est obligatoire. Mais ils sont évidemment préconisés. Lorsque vous adopterez votre petit bout à l'âge de deux mois, il aura déjà été vacciné par l'éleveur. Il faudra lui faire des rappels de vaccins à ses 3 mois, puis à ses 4 mois. Ensuite, ce sera un rappel par an.

Il y a également le vaccin contre la rage, obligatoire pour obtenir le passeport de votre chien si vous souhaitez quitter la France. Il est possible de sortir du territoire 3 semaines après la première dose. Il n'y a d'ailleurs qu'un seul rappel, une année plus tard.

De notre côté, nous l'avons également vaccinée contre la leishmaniose. Un bilan sanguin a été effectué au préalable à l'aide d'une prise de sang pour s'assurer qu'elle n'avait pas déjà contracté la maladie. Il est possible de faire ce vaccin dès l'âge de 6 mois. Mais à lui seul, il ne suffit pas à éloigner les phlébotomes, responsables de la maladie. Il faudra choisir un moyen de combattre tous les types d'insectes avec des pipettes répulsives ou bien des cachets. Le rappel de ce vaccin aura lieu également tous les ans.

MON ARMOIRE À PHARMACIE

Il va falloir faire de la place dans votre armoire à pharmacie pour accueillir ce dont vous aurez besoin quand votre chiot sera présent :

- des compresses stériles en cas de bobos ! Sang ou pas, il faudra bien vous laver les mains et désinfecter.
- de l'antiseptique
- du sérum physiologique pour ses yeux en cas d'irritation
- des pipettes OU comprimés contre les puces, les tiques, les moustiques
- des vermifuges (à donner tous les mois jusqu'au 6 mois du chiot puis, selon l'alimentation, un fois par trimestre si votre chiot sera nourri avec des croquettes, une fois par mois si votre chiot sera nourri au cru !)

Dans l'idéal, il faudrait toujours avoir sur vous les trois premiers de la liste en cas de bobo dans la nature, ou de bagarre avec un autre chien. A ce sujet, un chien saigne énormément en cas de bobo mais pas d'inquiétude, si la plaie est légère, vous pouvez la désinfecter vous-même. Toutefois, en cas de plaie plus importante ou de simple doute de votre part, consultez immédiatement un vétérinaire. Dimanche et jours fériés, appelez le numéro vert pour les urgences vétérinaires (vétérinaire de garde le plus proche de l'endroit où vous vous trouvez).

REMERCIEMENTS

Tout au long de ce guide, je vous ai évoqué les mauvaises rencontres que j'ai faites avec des gens peu sympathiques. Fort heureusement, il y a également eu des rencontres qui ont changé mon regard sur la parentalité d'un chiot !

Je ne trouvais pas juste de parler de ceux qui m'ont laissé une trace négative sans terminer par ceux qui m'en ont laissé une belle et bien positive.

A eux, j'aimerais leur dire un grand merci. Merci de m'avoir fait déculpabiliser sur pleins de sujets, de m'avoir ouvert les yeux sur d'autres, de m'avoir rassuré, de m'avoir partagé vos histoires, que dis-je, vos tranches de vie avec vos compagnons poilus !

Une mention particulière à :

— **Lucile** & **Snow**, un premier amour de Suteki qui ne se lasse pas de l'embrasser (et il est patient...)

— **Isabelle** & **Harry "trop d'amour"** et **Shy "décroche"**. Les seuls chiens qui ont des particules qu'ils n'écoutent pas toujours ! (petite mise à jour... une pensée pour Harry, qui, au fil de l'écriture, a rejoint le paradis des chiens... en espérant qu'il trouve assez de chiens là où il est pour continuer de leur donner « trop d'amour »)

— **Ludivine** & **Sachiko**, appelée également "la boulette". Une pensée particulière à toutes nos balades nocturnes !

— **Amélie**, **Bastien** & **Romi**, la soeur de Suteki qui ne vit pas très loin de chez nous ! Cela nous a permis de réunir les soeurs de temps en temps.

- **Fleur** & **Saïko**, un des frères de Suteki ! Alors pour le coup, ils vivent loin mais nous avons beaucoup échangé par messages depuis l'adoption !

- **Valérie**, **Corinne** & **Roxy**, la seule et l'unique aux yeux de Suteki ! C'est la première chienne avec laquelle elle a eu l'autorisation de sympathiser, avant même d'avoir son rappel de vaccin !

- **Cindy**, l'éleveuse que nous avons choisie et les parents de notre petit bout, **Naoko** & **Oria**. Une seule phrase de Cindy résonne encore en nous : "Avec de l'amour, on peut tout faire".

INDEX

PROLOGUE	PAGE 3
1. INTRODUCTION	PAGE 5
- A PROPOS DU CHIOT	PAGE 8
- A PROPOS DE L'AUTEUR	PAGE 8
2. LE CHOIX DE L'ÉLEVAGE	PAGE 9
3. LES PRÉPARATIFS	PAGE 15
4. L'ARRIVÉE	PAGE 23
5. BALADE	PAGE 29
6. L'ÉDUCATION	PAGE 49
7. L'ALIMENTATION	PAGE 63
8. LE TOILETTAGE	PAGE 69
9. LE VÉTÉRINAIRE	PAGE 73
REMERCIEMENTS	PAGE 79